# 毎日食べる。家で、ひとりで。

渡辺康啓

anonima st.

# はじめに

　新型コロナウイルスに世界中が翻弄され、飲食を取り巻く環境は、ここ数年でずいぶんと変わってしまいました。外食することがままならないなか、ふだん料理をしない人も自炊せざるを得なくなり、突然の状況に戸惑っているという声もちらほらと聞こえてきました。

　そこで、料理家としてなにか役に立てることはないかという思いで制作を始めたのが、YouTubeの「せせチャンネル」と、毎日の食事の記録から見えてくる料理の考察をまとめたこの本です。

　どちらも、実際に私が毎日食べている、材料も調味料も少なく、かんたんだけどコツを押さえれば誰でもおいしく作れるような料理を紹介しています。

　小手先のテクニックは要りません。必要なのは集中力です。素材が本当においしい状態になることを目指して、鍋

の中で素材に火が入って変化する様子を観察したり、切って塩をふった野菜からどう水分がでていくのかをよく見ること。粉と油をすり合わせて状態が変化していく感触を手で確かめたり、調理のなかで感じることを大切にして、その経験を蓄積してください。

私自身、この1年はいつにも増して自宅で料理をしました。ふり返ってみると、こんなに同じような食事をしているんだと、我ながら驚き(呆れ?)ました。そのほとんどは定食スタイルで、ご飯と味噌汁、ぬか漬けが基本。それでも、まったく飽きません。毎日同じような食卓でも、味噌汁の具は季節によって様々な組み合わせに変えています。あとはひとつ、ご飯がすすむおかずがあればじゅうぶん。同じように見えても、小さな変化は起こせるものです。

この本は、料理する日々を淡々と1年間撮り続けた記録です。季節の移り変わりとともに変わっていく食卓の景色は、この先も重なったり揺れたりしながら、毎日をしっかり生きる支えになってくれると思います。

もくじ

＊㋝はYou Tube「せせチャンネル」収録レシピです。

＊計量カップは200cc、大さじは15cc、小さじは5ccを使用しています。

# 毎朝のルーティーン

朝起きていちばんにすることは、お湯を沸かすことです。私の朝ご飯は、トーストにバターをたっぷり、そしておいしいジャムとミルクティーの組み合わせと決まっています。1日の始まりに、確実においしいとわかっているものを食べる安心感。もはや毎朝のルーティーンですが、手抜きせず、集中して作ります。

まず、冷凍した食パンを上手に焼くには、中まで温まるのに時間がかかるので、パンの両面に霧吹きでたっぷりと水分を与えてから、予熱をしないでトースターで焼きます。その間にマグカップに沸騰したお湯を注ぎ、温めます。そのお湯をやかんに戻してもう一度沸騰させたら、マグカップに直接、茶漉しと茶葉をセット。そこにお湯を注いで蓋をして蒸らします。パンがちょうど焼ける頃、紅茶もできあがり。茶葉を引き上げ、きび砂糖を少しと牛乳を注ぎます。

食パンの上にたっぷりの塊の有塩バターをのせたら、ちょっとトースターの中においておきます。そうすると、冷蔵庫から出したての硬いバターの表面が緩んで、塗りやすくなる。バターをパンの表面にすみずみまで塗り、おいしいジャムを添えてテーブルにセット。ジャムは全体に塗らないで、ひと口食べるごとにパンの上にのせます。このとき活躍するのが、小さじ$1/2$の計量スプーン。スプーンに深さがないので、無駄なくジャムをのせることができます。

茶葉は「テテリア」のctc-milk。

# バタートースト
# ミルクティー

味噌汁

# ご飯

# ご飯と味噌汁

教室ではイタリア料理を教えることが多いですが、実際、毎日の食事はほとんどが定食スタイルで、ご飯と味噌汁が基本となっています。なにせ毎食お米は一合、味噌汁は溢れんばかりに作るのが好きなのです。ご飯は昔から鍋炊きで、あっさりしたササニシキが気に入っています。

そして味噌汁作りは毎回がドラマティック。いかにすべての具材を最高においしい状態で仕上げるかに一点集中して作ります。ただ出汁に具を入れて煮ればいい、というものではありません。そのときの具材の組み合わせ、それぞれどのくらい煮こむかで、おいしさががらっと変わります。至福の一杯のために毎回真剣に取り組みます。

## ご飯を炊く

材料
米…（ササニシキ）4合
水…720cc（米と同量）

1 米を研いでザルにあげておく。ボウルに対し斜めにセットすると効率よく水があがる。

2 硬めが好きなので、米と水は同量。ミネラルウォーターを使っています。

3 鍋を揺すり、米をならす。

4 蓋を開けたまま強火で炊く。噴きこぼれを見張っておかなくてよいので安心。

5 煮立ってきたら蓋をし、16分弱火で炊く（米の量で時間は変わる。2合なら14分）。

6 火を止め、10分蒸らす。

7 蒸らし終わったらすぐにしゃもじで底から返す。

8 小分けにし（私は1合単位）、冷凍する。

# 出汁の取り方——昆布といりこ出汁

材料（10食分）
いりこ…12g（軽くひとつかみ）
昆布…10㎝角程度
水…2リットル

1 いりこを香ばしい香りが立つまでじっくり炒る。

2 ボウルに、昆布、1のいりこ、水を加える。

3 ラップし、冷蔵庫にひと晩おく。

4 昆布を取り出し、袋に入れて冷凍保存（たまったら佃煮に）。

5 ザルで濾す。いりこは2番出汁に使う。

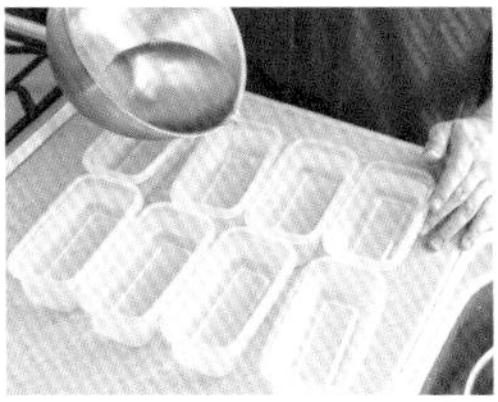

6 味噌汁1杯分（200cc）ずつ保存容器に移す。

7 冷凍する。使うときは電子レンジで2分チンしてから鍋へ。

## 味噌汁の作り方

鍋に出汁を入れ、沸いたら、根菜類などの火の通りにくいものを先に煮る。豆腐は味噌を溶いてから入れると、形が崩れず、煮えすぎを防げ、食感もよくなる。葉ものは刻んで、生のまま椀に入れ、熱々の味噌汁を注ぐだけ。すべての食材をいちばんおいしい火の通り具合に仕上げることに注力すること。

容器に玄米、合わせ、八丁味噌を詰め合わせ。

## 昆布がたまったら

鍋に、刻んだ昆布70g、生姜のせん切り10g、穂紫蘇の梅酢漬け（あれば）少々と酒、みりん、醤油各20cc、米酢10cc、きび砂糖小さじ1を入れて煮立て、中弱火で煮詰めたら、粗熱を取って冷蔵庫で保存。ひと月はおいしく味わえます。

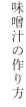

# 春

山菜、そら豆、ヤングコーン、よもぎ……春は好物が多く、様々な緑色のトーンが鮮やかな野菜売り場を前にして、なにをどうやって食べようかと心躍る季節です。

春に必ず食べるものといえば、やっぱり豆ご飯でしょうか。小さな頃からグリーンピースが大好きで、豆ご飯が楽しみでした。

母の味を思い出しながら毎年作っていますが、おいしく炊くには塩を控えないことがポイントだとあるとき気づきました。グリーンピースの甘味を引き出し、香りをしっかりと立たせたいので、お米と一緒に最初から炊きこみます。ちなみに、イタリアのグリーンピースは小粒で、生で食べても青臭くなく、甘くておいしい。リゾットにすることも多く、忘れられない味のひとつです。

皮ごと薄く切ったかぶ、
アスパラ、豆腐の味噌汁

# 春の食卓　その1

野菜がとりわけおいしい季節が巡ってきました。食卓もなんとはなしに華やかに。新じゃが、新玉ねぎ、新生姜。旬が短いぶん、食べ逃したくない気持ちも募ります。いつもよりかき揚げが多いのも、やはり山菜など旬の素材をおいしく食べるにはいちばんの調理法だからかもしれません。

ご飯1合、野菜多めのひと皿。春はしばらくこのパターンが続きます。

3月1日 昼
キャベツ、玉ねぎ、いんげん、豚肉のバジリコ炒め

仕事柄か、いつも冷蔵庫にバジリコがあるので、今日は豚肉とありものの野菜で炒めものに。いんげんは生っぽさを残し、ナンプラーで味つけすれば、アジア風に仕上がります。

3月2日 夜
焼き鮭
大根おろしに塩ゆず

たっぷり大根おろしを食べたいときはフードプロセッサーで。大根を皮ごと大ぶりに切って入れ、粗めにひいたら、塩ゆず（P. 29）を刻んで混ぜる。焼き魚に添えると美味です。

3月10日 夜
小松菜とじゃこの炒めもの

長ねぎとじゃこを炒めてカリッとしたら、小松菜を合わせてごまをふる。韓国で買ってきた、おいしいごまを大事に大事に使っています。食べ尽くしてしまうのが不安なほどです。

### 3月11日 昼
### 芽キャベツと明太子のスパゲッティ

イタリア料理を教える身として許せない存在だった明太子スパ。でも冷蔵庫の余った明太子が気になりすぎてついに。知ってはいたけど、にんにくバターで本当においしかった！

### 3月15日 夜
### 回鍋肉

ウー・ウェンさんの料理読本を読んで回鍋肉を。さすがのおいしさです。炒めものは素材同士を加熱したボウルで和えるという考え方がすばらしい。まだまだ料理は奥が深いなあ。

### 3月18日 昼
### 豆ご飯、アスパラ、油揚げ、小松菜の味噌汁

季節になると必ず炊く大好物の豆ご飯。米5合に酒40cc、塩小さじ2、昆布12cm角を入れて水加減。これくらい塩を入れたほうが豆の甘さが際立っておいしいですよ。

### 3月19日 夜
### あさりのスープ

昆布といりこの出汁にニラとあさり。最近ハマっているアミの塩辛を加えて、塩と薄口醤油で味を調えたら旨味たっぷりのスープに。韓国唐辛子、ごま油もお忘れなく。

### 3月21日 夜
### 豚肉、セロリ、トマト、グリーンピースの蒸しスープ

蒸し料理のときにでる水分がもったいないので、あらかじめ味つけしておいた豚肉と野菜を一緒に蒸してみたら、いい出汁がでて、立派なスープに。毎日、試行錯誤です。

### 3月23日 夜
### 教室の残りもの

レッスン後の食事はだいたいこんなかんじですが、走りの、細くて甘いアスパラを茹でて、自家製のマヨネーズをかけるだけでじゅうぶんごちそう。お味噌汁もありますしね。

3月25日 夜

菊芋にバルサミコ
トマトに韓国風ニラだれ

便利なニラだれ。ニラ、万能ねぎをみじん切り、醤油、ごま油、砂糖各大さじ1、韓国唐辛子小さじ1、にんにくすりおろし小さじ半分を混ぜて冷蔵庫で保存。ひと月はもちます。

3月30日 昼

ジェノヴェーゼパスタ

バジルペースト＝ジェノヴェーゼではなく、じゃがいもといんげんを使うのが本式のジェノヴァ風。今日はアスパラで代用。鍋ひとつで作れて、食べごたえのあるパスタです。

3月30日 夜

はまぼうふうとタラの芽の天ぷら、大根、豆腐、アミのスープ

刺身のツマで見たことはあったけどこんなに立派なはまぼうふうは福岡ならでは？　天ぷらにするとおいしいと聞いてさっそく試したら、セリ科特有の独特の風味にハマりました。

4月2日 夜

そら豆、新玉ねぎ、にんじん、セリのかき揚げ

料理家の友人、重信初江さんが教えてくれた「コツのいらない天ぷら粉」が優秀すぎる。失敗をしない、というのは料理を好きになるのにとても大事な要素だと思う。

4月5日 夜

イエロートマトソースのカヴァテッリ

カヴァテッリはイタリア・プーリア地方の手打ちパスタ。ポコポコした所にトマトソースが絡んで飽きないおいしさ。1時間もあればかんたんに作れます（P.43）。

4月6日 夜

鶏むね肉とピーマンの唐辛子炒め

塩、胡椒、紹興酒で下味をつけた鶏むね肉とピーマンを炒めて。唐辛子がゴロゴロ入ってますが、中国産なので甘味と旨味が強く、いい風味を加えてくれます。

4月7日 夜
ニラ玉
春菊のナムル

ナムルは平松洋子さんのレシピで。茹でた春菊に塩、すりおろしにんにく、すりごま、ごま油を順にひとつずつ加えてはしっかり味をなじませる。不思議と味わい豊かになります。

4月8日 昼
塩豚とパクチーの餅《ビン》

ウー・ウェンさんの料理読本の肉餅レシピを応用して、具を塩豚と刻んだパクチーに。外側はカリッとして中はしっとり。イタリアとは小麦粉の使い方が違っていて本当に興味深い。

4月8日 夜
ホルモンのコチュジャン炒め

茹でたホルモンをにんにく、ごぼう、ニラ、新玉ねぎと炒め合わせ、コチュジャン、酒、醤油、砂糖を混ぜた調味料で味つけ。えごまの葉で包んで食べるとご飯がすすむすすむ〜。

4月9日 昼
そら豆のフェンネル煮こみ

パンチェッタの旨味とフェンネルシードの香りをまとったそら豆の煮こみは、フィレンツェの伝統料理。薄皮ごと食べられる前菜です。どこの国も地方料理こそがおもしろい。

4月12日 昼
豚とじゃがいものナンプラー煮
＋ココナッツミルク

9日の夜に作った煮こみが煮詰まっていたので、ココナッツミルクを加えてまろやか味に。間違いのない組み合わせ。味変を見越して多めに作っておいてもいいかもしれません。

4月13日 昼
焼きそば、目玉焼きのせ

忙しいときのマルちゃん頼み。目玉焼きをのせるとちょっと豪華な気分に。紅生姜は、梅干し作りでできる梅酢に新生姜をまるごと漬け、使うたびにせん切りにしています。

## ある日の献立より

5月16日 昼

ぺろりと何個でも食べられてしまう不思議なおいしさのピーマンの油蒸し。今日はしらすとごまをのせて。シンプルなポテサラに焼豚を入れてみたらこれもおいしかった。

# ピーマンひとつで

家から出かけることが、ためらわれる一年でした。外食も制限されるなか、日々家でご飯を作っていると、当然冷蔵庫の中身も寂しくなってきますよね。

最後に残ったピーマンひと袋、さてどう食べようか。ほかに組み合わせる野菜もなし、おいしい菜種油で揚げ焼きのように火を通してみよう、と思いついてやってみたピーマンの油蒸し。パプリカをまるごとオーブンで焼くことはよくやるので、中においしいジュースがたまるのはわかっていました。

かぶりついたら、まるで肉のように果汁がジュワッと、油の旨味と焦げた香ばしさを伴って押し寄せてきます。

冷蔵庫にピーマンしかない、からこそ生まれた、私自身が驚いた傑作料理です。

## ピーマンの油蒸し ㋝

材料（1人分）
ピーマン…5個
菜種油…適量
塩、結晶塩…適量

作り方
1ピーマンは切らずにざっと洗い、水がついたまま蓋のできる鍋に入れる。

2ピーマンの上から菜種油を全体に回しかけ、塩をふる。蓋をして中弱火にかける。

3しゅわしゅわと音がしてきたら、蓋を開けて様子を見る。焦げ色がついていたら、ピーマンを転がし、さらに蒸し焼きにする。

4全面においしそうな焦げ色がついたら、器に盛り、結晶塩をふる。

## 焼豚ポテサラ

材料（1人分）
じゃがいも（中）…1個
きゅうり…1/3本
新玉ねぎ…1/8個
焼豚…適量
マヨネーズ…適量
塩、胡椒…少々

作り方
1じゃがいもは皮をむいて半分に切り、串がスッと刺せるやわらかさになるまで塩茹でする。きゅうりは薄切りにして塩をふる。新玉ねぎは薄切りにする。焼豚は食べやすい大きさに切っておく。
2じゃがいもが茹だったらボウルに取り、フォークの背で潰す。潰し具合はお好みで。
3 2のボウルに、水分を搾ったきゅうり、新玉ねぎ、焼豚を入れる。
4マヨネーズを好きなだけ加え、和える。味を見て塩が足りなければ塩をし、器に盛って、胡椒をひく。

5月14日 夜
お客さんの中にカツレツ好きな人がいると聞いて用意。パン粉にパルミジャーノを加えてオリーブ油とバターを半々で揚げる。チーズの香りが鼻に抜けて、おいしくできた。

# 豚のカツレツ

材料(2人分)
豚ヒレ肉…160g
薄力粉…適量
細びきパン粉…40g
パルミジャーノ…8g
卵…1個
無塩バター…適量
オリーブ油…適量
イタリアンパセリ…適量
レモン…適量
塩、結晶塩…適量
胡椒…適量

作り方
1バットに削ったパルミジャーノとパン粉を混ぜておく。卵はボウルに割り入れ、溶きほぐす。

2豚ヒレ肉は5㎝厚さに切り、断面が上下になるようにラップで挟み、めん棒などで叩いて5㎜程度の厚みに伸ばす。

3豚ヒレ肉の両面に塩胡椒をふり、薄力粉を薄くまぶしたら、卵液をくぐらせ、両面にパン粉をしっかりつける。

4フライパンにバターとオリーブ油を半々の割合で入れて(フライパンの大きさによるが、鍋底から5㎜くらいの高さになるくらいの量)、中火にかけ、表面に泡が立ってきたら肉を入れる。

5両面においしそうな色がつくまで揚げ焼きにしたら、取り出し、油を切る。

6皿に盛りつけ、結晶塩、刻んだイタリアンパセリを散らす。レモンを添えて供する。

# いんげんの蒸し煮 ㋝

材料（作りやすい量）
いんげん…400g
プチトマト…5個
にんにく…1片
バジリコ…1枝分
塩…適量
オリーブ油…適量

水につけておくと、いんげんが生き生きとしてくる。おいしさの差はこんなところから。

作り方
1 いんげんはヘタを切り落とし、30分水につけておく。にんにくは潰して芽を取り除き、プチトマトはヘタを取って横半分に切る。
2 鍋ににんにく、プチトマト、バジリコを入れ、上にいんげんをのせる。
3 水を鍋底から1cm弱程度注ぎ、オリーブ油をたっぷりと回しかける。塩を全体にふり、蓋をして火にかける。
4 水分が沸騰したら弱火にし、10分程度煮たら一度蓋を開けて鍋の中身を混ぜる。
5 これを繰り返して、いんげんが写真のようにくたくたにやわらかくなるまで煮る。
6 塩で味を調える。

4月29日 夜

「せせチャンネル」でも人気のこの料理。プチトマトをたくさん入れる人もいるけど、トマトの役目はあくまでも出汁だから5個でじゅうぶん。いんげんをおいしく食べましょう。

# 色と料理の関係性

同じ色の食材は味の相性がいい、というのは定説です。たとえば、茹でた百合根とカリフラワーをマヨネーズで和えたり、オーブンで焼いた万願寺唐辛子にイタリアンパセリとケッパーのソースをかけたり。

このズッパも、トマトと梅干しという赤いもの同士を組み合わせました。どちらも異なる酸味を持つ食材。韓国料理の知恵から、にんにくと魚醤の組み合わせでコクをつけます。すべてをうまく取り持ってくれるのは、バジリコと長ねぎの香りです。トマトは、ヘタの所がいちばんトマトらしい青い香りを感じられるので、スープのベースを作るときに、欠かさず入れましょう。

このスープは冷たくしてもおいしく、夏は冷やしてそうめんを入れるのもおすすめです。

4月9日 昼

韓国で出合ったスープをイタリアンに応用しました。コラトゥーラはイタリアの魚醤ですが、いしるやナンプラーを使っても。食欲のないときにもおすすめのやさしい味です。

## トマトと梅干しのズッパ

材料（2人分）
トマト（中）…2個
梅干し（昔ながらのしょっぱいもの）…1粒
長ねぎの青い部分…1本分
バジリコ…1枝分
にんにく…1片
水…200cc
コラトゥーラ（ナンプラーでも可）…小さじ1
塩…適量
オリーブ油…適量

作り方
1トマトはヘタをくりぬき、ひと口大に切る。梅干しは種を外し、果肉を刻む。にんにくは皮をむく。

2鍋に水、トマトのヘタ、梅干しの種、長ねぎの青い部分、バジリコ、にんにくを入れて火にかける。沸騰したら弱火にし、蓋をして15分煮る。

3香りがお湯にしっかりついていたら、具材をすべて引き上げ、トマトと梅肉を入れ、蓋をして20分煮る。

4味を見てコラトゥーラ、塩で味を調える。

5ハンディブレンダーにかけてなめらかにし、器に注ぐ。

6オリーブ油を回しかける。

# 我が家の調味料

## お米に合わせる調味料

a 紹興酒
スーパーでもよく見かける宝酒造の「塔牌紹興酒」。

b 米油
ワインの瓶に入れ替えて注ぎ口をつけている。中身は、「まいにちのこめ油」。

c 菜種油
愛用の「地あぶら」。コクがあって旨味が強い。ピーマンの油蒸し（P.20）をごちそうにしてくれます。

d 米酢
まろやかな香りと味が気に入っている「千鳥酢」です。

e 日本酒
煮もの作りなどに欠かせない日本酒は、辛口だったら銘柄にはこだわりなし。

f 黒酢
ミツカンの「純玄米黒酢」。和食、中華にはもちろん、マヨネーズ作りにも活躍。

g みりん
煮魚や煮ものに使うのは、ずっとこの「三河みりん」。

いろいろ試した結果たどりついた、現時点のラインナップです。

仕事柄よく使うビネガーは「チェーザレ」。香りも最高で、うちではこれ1本。白ワインビネガーも使いません。塩は数種類を使い分けて。味の違いも重要ですが、結晶塩があれば仕上げにかけるだけでいつもの料理が生まれ変わります。和の調味料でお気に入りは「地あぶら」。菜種油ですが、旨味が違います。シンプルな炒めものもコクがでて、ひと味違うできあがりに。

和の調味料の定位置は冷蔵庫脇の棚の上。竹籠にまとめて見た目もすっきり。

## 洋食に使う調味料

h「マルドン」の結晶塩
旨味が強いので味と食感にめりはりをつけたいときに。

i イタリアで買った塩
すごくおいしいので「ここぞ」というときに。トマトにかけたり、おむすびに使ったり。

j「ゲランド」の細粒塩
ふだん使いの塩。たいていの味つけはこれを使っています。たっぷり使うので大きな容器に。

k エキストラヴァージンオリーブ油
スープなど仕上げに使う「カペッツァーナ」。酸度が低くて風味豊か。パンにつけてもとてもおいしい。

ℓ 赤ワインビネガー
世界的に有名な赤ワイン・バローロをそのままワインビネガーにした逸品「チェーザレ」。サラダに欠かせません（P.56）。

m 黒胡椒
マレーシア産の「マリチャ」を愛用。香りがとてもすばらしいのです。

n 粗塩
パスタを茹でるときやぬか床の仕込みなどでザザッと使いたいときの塩。壺の中にはレンゲが入っています。

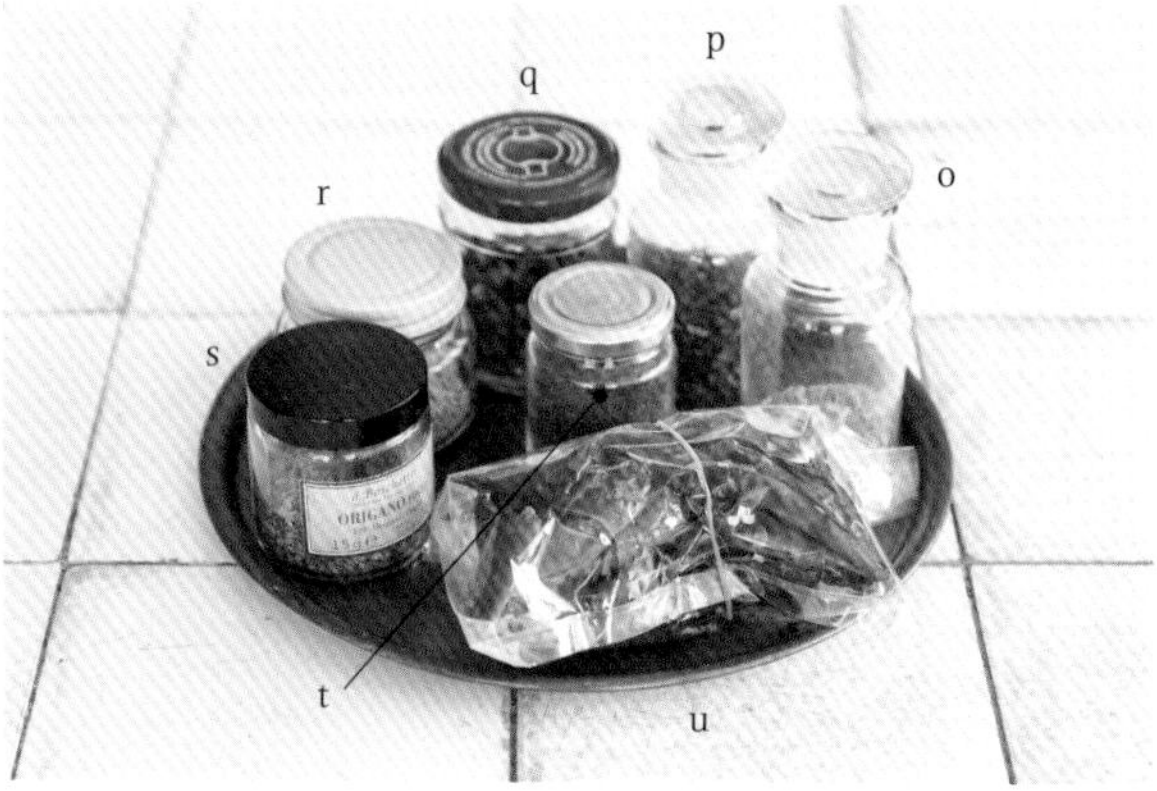


## よく使うスパイス

o フェンネルシード
シチリアのさらに南の島、パンテレリアでエマヌエラ・ボノモさんが育てたフェンネル。華やかで甘い香り。ポークソテーや煮こみに。

p 花椒（ホワジャオ）
使うときはフライパンで炒って香りを立たせてから。炒めものなどに重宝します。

q イタリアの唐辛子
ペペロンチーノや煮こみに。イタリア産の唐辛子は小さいけど辛い。カラブリアが名産地です。

r ごま
韓国で買ってきたものを大切に使っています。いりごまでも必ず炒り直して香りを立たせて使うこと。

s オレガノ
瓶の中身はフェンネルと同じボノモさんが育てたオレガノ。使うときは指でやさしくもんで香りを引き出します。

t 韓国の唐辛子（中央）
鮮やかな赤ですが、旨味が多くてあまり辛くないのが特徴。けっこうよく使います。

u 中国の唐辛子（手前袋入）
辛さより華やかな風味が際立つので、炒めものなどにもゴロゴロ入れて使います。

自家製マヨネーズがだんぜんおいしい

### 材料（作りやすい量）

全卵…1個
米油…160cc（140g）
オリーブ油…20cc（20g）
塩…2g
米酢…小さじ2

1 ハンディブレンダーが入る容器に全卵、米油、オリーブ油を入れ、塩を加える。

2 酢を加える。

3 ブレンダーを静かに沈める。

4 容器の底にブレンダーを沈めたまま攪拌を始める。動かさないこと。
＊ハンディブレンダーはバーミックス。専用のアタッチメントをつけています。

5 全体が乳化したら、ブレンダーを上に動かし全体にムラがないよう攪拌する。

6 ブレンダーをそっと引き上げる。

できたてのマヨネーズのおいしさは格別です。そのためにブレンダーを買ってもいいくらい。材料の米酢を玄米黒酢にしたり、米油を菜種油にしたりとアレンジをして好みのマヨネーズを作り出すのも楽しい。ぜひお試しください。

### 毎日の食卓に登場する
## 塩ゆずの作り方

ゆずを半分に切って種を取り除いたら、さらに半分に切り、全体の重さを量る。その重量の15％の塩を用意し、清潔な瓶に塩とゆずを交互に入れる。蓋をして常温におき、毎日瓶をふり、塩が溶けたら冷蔵庫に。1週間後くらいから使える。焼き魚に添えたり、和えものにも活躍します。写真は右から塩じゃばら（福岡でよく見かける柑橘）、塩シークワーサー、塩ゆず。

# 春の食卓　その2

シンプルな定食スタイルですが、いつも真剣に作っています。味噌汁作りは入魂の勢いですし、なによりいつだっておいしいものしか食べたくないですからね。

　かといって定番ばかりではないのが私の食卓。イタリアはもちろん、韓国や中国の食堂で食べた味を思い出して再現したり、産直コーナーで見かけた珍しい野菜を試してみたり。料理家としての研究というより、ただただ食いしんぼうなだけかもしれません！

4月15日　夜
ごぼうのかき揚げ

ハラリハラリとした繊細なごぼうのかき揚げが食べたかったから、ごぼうはかなり薄い細切りに。食べたいできあがりのイメージがあると料理が楽しくなると思う。

4月19日　昼
肉味噌ピーマン

昨日作ったごぼう入りの肉味噌（P.36）を生のピーマンにのせ、素揚げしたカシューナッツを刻んでトッピング。歯ごたえもごちそうのひとつ。お酒にも合いそうなひと皿。

4月22日　昼
肉味噌和え麺

今日も肉味噌を活用。茹でたうどんを冷水で締め、肉味噌をたっぷり、パクチー、長ねぎ、大葉、ニラを刻んでのせ、白ごまをパラパラと。和えながら食べるといろんな味を楽しめる。

4月22日 夜

塩おむすび

夜の教室を終えた後は、お店もあまりやってないので、ささっと塩おむすびを用意しておく。ぬか漬けとお味噌汁があれば幸せです。ご飯も1合分あるので満足、満足。

4月23日 昼

春オクラとヤングコーンの春巻き

春巻きの皮に1㎝幅に切ったヤングコーンのひげと実、オクラ、みじん切りにしたアンチョビをのせ、胡椒をひいて包んで揚げる。ほくほくに蒸されたヤングコーンの甘さ！

4月25日 夜

甘鯛、えごま、山椒の春巻き

塩胡椒した甘鯛、みじん切りした山椒の実をえごまの葉で包み、さらに春巻きの皮で包んで揚げる。ちょっとしたごちそう感があって、この組み合わせ、またやってみよう。

4月27日 昼

よもぎのナムル
よもぎとえごま粉のスープ

産直コーナーでよもぎを発見。季節の味は見逃せない。葉を摘み取り、さっと塩茹でしてナムルに。スープは、昆布といりこの出汁にえごまの粉と葉を合わせて味噌仕立てに。

4月27日 夜

にんにくの芽と豚肉、ニラの塩炒め

立派なにんにくの芽が売っていたので、ニラ、豚肉と合わせて炒めものに。こういうパワフルな野菜のときは、塩だけのシンプルな味つけのほうが飽きずにおいしく食べられる。

4月28日 夜

塩鯖
大根おろしに塩ゆず

焼き魚の中でいちばん好きな塩鯖。子供のときからの好物で、母には「安上がりで助かるわ〜」と言われたものでした。塩ゆず入りの大根おろしと合わせると、後味もさっぱり。

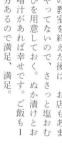

### 5月2日 昼
### 豚肉、新じゃが、ピーマンの炒めもの

じゃがいもはスライサーで薄切りにして細く針のように切り、水に浸してでんぷんを落としてから炒めると、シャキシャキの歯ごたえに。炒めものにおすすめの切り方です。

### 5月4日 夜
### そら豆、新玉ねぎ、ヤングコーンのかき揚げの残り

かき揚げは冷凍保存できるのでまとめて作っておく。解凍は、オーブンを170度に予熱し、天板にホイルを敷いて、凍ったかき揚げをのせ、10分ほど温める。カリッとします。

### 5月8日 夜
### タコともち米のお粥
### 韓国風もずく

おいしそうなタコの足が1本あったので、韓国料理の本を見て初めてのチャレンジ。すごくいい出汁がでて美味。もずくには赤唐辛子の塩漬け、生姜、ごま油などをかけて。

### 5月9日 夜
### 蒸し茄子と春雨の炒めもの

中国で買ってきた板春雨を使って蒸し茄子、豚肉、バジリコなどと炒め合わせる。東京・蒲田のベトナム料理店「ミレイ」の味を思い出しながら作ってみたところ、大成功。

### 5月10日 夜
### しらす大根に白ごまと穂紫蘇の梅酢漬け

大根をおろして、釜揚げしらす、白ごまをのせ、自家製の梅酢に漬けた穂紫蘇を散らしたら、思いがけずおいしい組み合わせに。香りがいいので、醤油は不要でした。

### 5月11日 昼
### よもぎの韓国餅

これも韓国料理の本を見ながらチャレンジ。生のよもぎの葉に上新粉をまぶして蒸し上げる。食べるとまさしくよもぎ餅！ 固定観念がひっくり返されるような仕上がりでした。

5月15日 夜

おかわかめの唐辛子ポン酢和え

韓国料理の先生をしている友人からにんにくのキムチ、行者にんにくの醤油漬けなどが届く。おかずがすでにいろいろあるので、おかわかめをさっと湯がいて、ポン酢和えに。

5月17日 夜

蒸し豚、蒸し茄子のパクチー唐辛子ソース

パクチー、青唐辛子、米酢、塩をすり鉢ですり合わせた緑鮮やかなソースを蒸し豚にかけて。パクチー好きにはたまらない味。タイへ旅行したときに覚えた味です。懐かしや。

5月21日 夜

茄子、豚肉の天ぷら
豚のカツレツ

カツレツは多めに作って、パン粉をつけた状態で保存袋に入れ、冷凍しておく。忙しいとき、がつっと食べたいとき、とても便利。ついでに茄子や豚肉まで揚げてしまった……。

5月22日 昼

焼豚のトマトソースパスタ

焼豚を軽く炒め、基本のトマトソース（P. 40）、フェンネルシードを加えて煮、茹でたパスタとよく和える。韓国唐辛子をかけたら、甘辛さの塩梅が最高においしい！

5月24日 夜

買ってきたばってら
うざく

うなぎをいただいたので、うざくを作る。きゅうりは蛇腹に切って塩もみし、水分を切ってうなぎと合わせ、米酢、醤油、きび砂糖を混ぜてかける。豪華な酢のものになりました。

5月31日 昼

豚ひき肉といんげんの唐辛子炒め

中国料理店でも人気の、ご飯のすすむ一品。フードプロセッサーで塊肉をひいて作るとおいしさが違います。晩酌はしないので、やっぱりご飯をもりもりいただきました。

ある日の献立より

## コングクス

材料(1人分)
豆乳…200cc
カシューナッツ…10g
塩…少々
きゅうり…5cm分
みょうが…1本
新生姜…1片
うどん…1玉

作り方
1カシューナッツは160度に予熱したオーブンで10分焼き、冷ましておく。オーブンがない場合はフライパンで乾煎りするかトースターで焼く。

2きゅうりをかつらむきにし、せん切りにする。みょうが、新生姜もせん切りに。

3うどんを茹で、冷水で締める。

4豆乳とカシューナッツを合わせてミキサーにかけ、攪拌し、塩で味を調える。ミキサーがない場合はカシューナッツをすり鉢ですり、豆乳と合わせる。

5器に4を注ぎ、水気を切ったうどんを入れ、2をのせる。味を見て、足りなければ塩を加える。キムチと一緒に食べてもいい。

5月9日 昼
コクがあって、やさしい味の韓国の麺料理。本当は大豆を煮て作りますが、今日は豆乳で。ちまきは新橋の「ビーフン東」。大好物なので、友人がときどき送ってくれます。

4月9日　夜

スペアリブは骨からもいい出汁がでるので煮ものにおすすめ。にんにく、ナンプラーを使うことでぐっとアジア風な味つけに。圧力鍋があると、時間もかからず手軽に作れます。

# 豚と新じゃがいものナンプラー煮

材料（4人分）

豚スペアリブ…600g
新じゃがいも…10個
にんにく…2片
長ねぎの青い部分…1本分
酒…40cc
水…適量
きび砂糖…大さじ2
ナンプラー…大さじ1
醤油…大さじ2
米油…適量

作り方

1 スペアリブは重量の1%分の塩（分量外）をまぶしてひと晩おく。
2 にんにくは皮をむいて芽を取り除く。
3 圧力鍋に油を入れて温め、スペアリブの表面を焼きつける。でてきた脂は拭き取る。
4 酒を加え、水を豚肉の頭がでるくらいまで注いだら、にんにく、長ねぎの青い部分、きび砂糖、ナンプラー、醤油を入れて蓋をして火にかけ、圧力がかかったら30分加圧する。
5 火を止め、圧力が抜けるまでそのままおく。
6 新じゃがいもを入れて蓋をし、弱火にかけ、火が通るまで煮る。煮汁を程よく煮詰めたらできあがり。

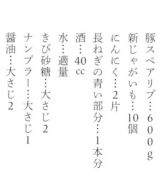

4月18日 夜

残りもののごぼうがあったので刻んで入れたところ、味のアクセントになっていっそう美味に。肉味噌はアレンジが利くので、野菜と合わせたり、麺と和えたりして食べよう。

# ごぼう入り肉味噌

材料（作りやすい量）
豚ひき肉…200g
ごぼう…1/3本
椎茸…5個
にんにく…1片
生姜…1片（にんにくと同じくらいの大きさ）
豆板醤…小さじ2
豆豉…小さじ1
花山椒…小さじ1
紹興酒…20cc
醤油…小さじ2
きび砂糖…小さじ2
韓国唐辛子…小さじ1
塩…ひとつまみ
菜種油…大さじ1

作り方
1ごぼうは皮を包丁の背でこそげ取り、斜め薄切りにする。椎茸は大きめにみじん切りにする。
2鍋に菜種油、にんにくと生姜のみじん切り、花山椒を入れて火にかける。香りが立ったら豆板醤を加え、さらに香りが立つまで炒める。
3 2に豚ひき肉と塩、豆豉を加えて炒め、脂が透明になったら、椎茸とごぼうを加え、紹興酒、醤油、きび砂糖、韓国唐辛子を入れて炒める。全体に汁気がなくなり、つやがでてきたら火を止める。

# しらす、グリーンピース、新玉ねぎのフリッタータ

材料（1人分）
しらす…大さじ1
グリーンピース…ひとつかみ
新玉ねぎ…1/2個
卵…1個
オリーブ油…適量
塩、胡椒…適量

作り方
1 新玉ねぎは薄切りにする。ボウルに卵を割り入れ、塩ひとつまみを加え、溶いておく。
2 フライパンにオリーブ油を温め、新玉ねぎとグリーンピース、塩をひとつまみ入れる。蓋をして、弱火で蒸らし炒めにする。
3 新玉ねぎがとろりとしたら、溶き卵としらすを加える。木べらでざっくりと混ぜ、丸く形を調える。
4 蓋をして、弱火で卵を好みの加減に火を通す。
5 器にのせ、胡椒をひく。

5月12日　昼

フリッタータは卵焼きのようなイタリアの家庭料理。具材は卵との一体感が大切なので、蒸らし炒めにしてやわらかく。ズッキーニなどいろんな野菜で試してみてください。

# 乳化するおいしさ

相反するもの、水と油。この二つが混ざり合うことが乳化です。お皿の上では一見、分離しているように見えますが、口の中で噛めば噛むほど乳化がすすみ、味わいが変わってくるのがおもしろいところ。イカやタコは、よく噛んで食べる食材ですよね。まさに、この生姜油和えにぴったりな食材なんです。組み合わせる野菜は、水分を多く含む大根やきゅうり、茹でた葉ものなどが相性抜群。

油のコクを生かしながらも、脂っこいだけで終わらせないのが、生姜の役目です。また、塩をきちんと利かせることで、油分でマスクされがちな食材の味の輪郭がキリッと立ってきます。調理はお皿に盛って終わるのではなく、口の中で完結する。こんな料理もあるのです。

3月17日 昼

すりおろした生姜をクセのない油と合わせると、和えものに重宝します。この日はコウイカと紅菜苔（コウサイタイ）。塩味だけなのに噛むたびにイカの旨味が口いっぱいに広がります。

## ヤリイカと大根の生姜油和え

材料（1人分）

ヤリイカ…½はい

大根…2㎝分

米油…小さじ2

生姜（すりおろし）…小さじ1

塩…適量

作り方

1 ヤリイカは隠し包丁を入れて食べやすい大きさに切り分ける。大根は皮をむき、いちょう切りにして塩をふって混ぜておく。

2 鍋にお湯を沸かし、ヤリイカを入れる。表面の色が変わったらすぐにザルにあげる（その間約3秒）。

3 大根がしんなりとしたら水気を軽く搾る。

4 ヤリイカの粗熱が取れたら、大根と合わせてボウルに入れ、塩で味を調える。米油とすりおろした生姜を加え、全体がよくなじむよう混ぜる。

# パスタの考え方

具もなにもないトマトソースとスパゲッティを和えただけ。でもそれが最高においしいのがイタリア料理のすばらしさ。まずはこのソース＋パスタを覚えましょう。料理がシンプルなぶん、塩とオリーブ油は少し高くてもおいしいものを。どんなパスタにも合うソース2種と、かんたんにできる手打ちパスタも紹介します。

## トマトソース

材料（3食分）
トマト水煮…520g
バジリコ…1枝分
にんにく…1片
オリーブ油…大さじ1
塩…ひとつまみ

1 鍋にトマト水煮、バジリコ（茎ごと）、にんにく（芽を取って潰す）、オリーブ油、塩を入れて火にかける。

2 沸騰したら弱火にし、時折かき混ぜながらとろりとした濃度がつくまで慎重に煮詰める。

## スパゲッティ（乾麺）を茹でる

1 鍋にたっぷりの水を入れ、沸騰させる。1人分なら直径26cmのフライパンでじゅうぶん。

2 お湯に塩を入れる。味見してお吸いものくらいの塩気になるように。

3 味見して、中心に芯が感じられるくらいになったらお湯を切る。

トマトソースをフライパンに入れて中弱火にかけ、茹で上げたスパゲッティを加え、鍋を揺すりながら木べらなどでよく和える。仕上げにオリーブ油やチーズをかけてめしあがれ。

# 応用の利く
# ソース2種

## きのこのソース

材料（多めの1人分）
椎茸…5個
マッシュルーム…5個
なめこ…少々
にんにく…1片
セージ…1枚分（4〜5枚葉がついたもの）
イタリアンパセリ…適量
オリーブ油…大さじ1
塩…適量

1 椎茸、マッシュルームは3mm程度の薄切り（薄くしすぎない）。にんにくは芽を取ってみじん切りにする。

2 フライパンにオリーブ油とにんにく、セージを枝ごと入れて弱火にかける。香りが立ったらなめこ以外のきのこを入れて塩をふる。水分がでてしっとりとしたらなめこを加え、塩で味を調え、ソースのできあがり。

3 パスタを茹で、その茹で汁を大さじ3（手打ちパスタの場合は大さじ1）加え、弱火で温めておく。

4 茹で上げたパスタを入れてよく絡め、器に盛る。刻んだイタリアンパセリを散らす。

## 卵のソース

材料（1人分）
全卵…2個
無塩バター…10g
パルミジャーノ…適量
塩…ひとつまみ
胡椒…少々

1 卵をボウルに割り入れ、塩ひとつまみを入れて軽くかき混ぜておく。

2 小鍋にバターを入れて火にかける。バターが泡立ってきたら卵を入れて、中弱火でかき混ぜる。

3 全体が緩いスクランブルエッグ状になったら、茹で上げたパスタの上にかける。

4 パルミジャーノをたっぷりすりおろしてかけ、胡椒をひきかける。

# 手打ちパスタ
## ［カヴァテッリ］

材料（2食分）
強力粉…100g
水…50cc前後
塩…ひとつまみ

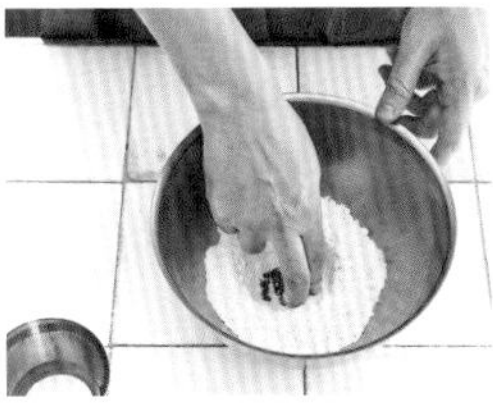

1 強力粉をボウルに入れ、真ん中に指でくぼみを作る。

2 くぼみに塩を入れ、水を溢れない程度に入れたら、フォークを使い、粉と水を混ぜ合わせていく。

3 くぼみの中がどろりとしたら残りの水を加え、フォークで混ぜる。

4 これ以上フォークで混ざらない状態（ぼろぼろ状態）になったら、フォークを指できれいにし、手で生地をひとつにまとめる。

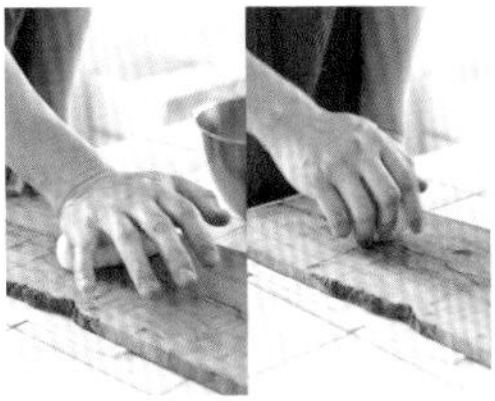

5 まとまった生地をこね台に出し、掌底で押し出したら、生地の角度を90度変えてまた押し出す。むっちりとした生地になるまでこねる。

6 こねあげた生地を丸くまとめたらボウルをかぶせ、30分以上休ませる（ラップに包んで冷蔵庫で休ませ、翌日成形してもよい）。

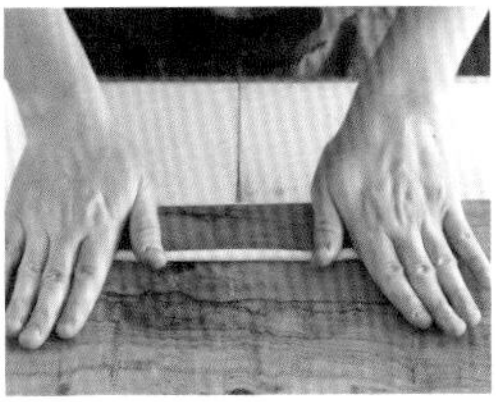

7 伸ばしやすい量に小分けし、直径1cm弱の紐状に伸ばす。

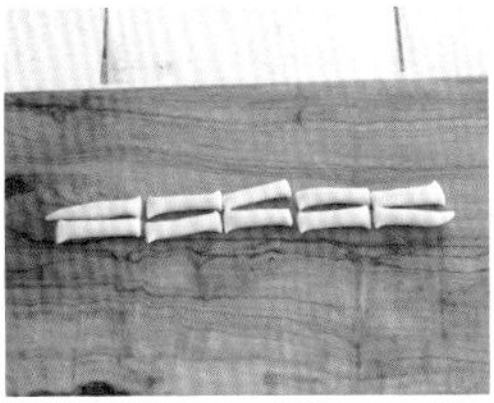

8 伸ばした生地を4cm程度の長さに切り分ける。

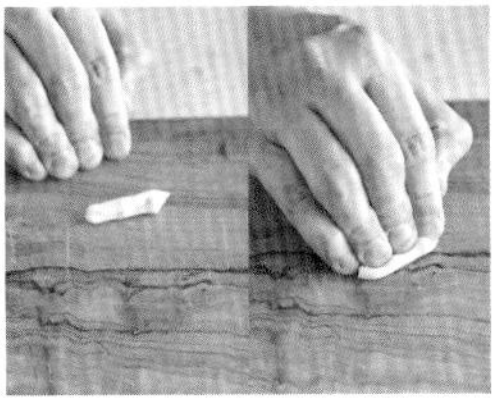

9 切り分けた生地に人差し指から小指までの4本指をぐっと押しつけ、さっと手前に引いて成形する。

10 くっつかないように乾いた布や木のまな板などにのせる。表面が乾いたら全体に打ち粉をし、保存袋に入れて冷凍しておくと便利。

## 茹でる

茹でるときの塩加減はお吸いものより少し濃いめ。沸騰して全部が浮いてきたら1、2分待ち、引き上げる。

## きのこのソース+手打ちパスタ

きのこのソースができたら、茹でたての手打ちパスタを入れて和える。茹で汁を大さじ1ほど入れると味のなじみがいい。

# 卵のソース＋スパゲッティ

茹でたスパゲッティにかけるだけですが、卵のソースは待ったなし。くれぐれもとろとろのうちに食べてください。

# 夏

夏は酸味や辛さが味つけのキーになる季節。私の夏は梅仕事から始まります。梅干しは少量なので、密閉保存袋で作っています。

梅を買ってきたら、色が黄色くなり、部屋中に甘い香りが漂うまで待ちます。その重量の15％の塩を用意し、梅とともに袋に詰めるだけ。大きめの保存容器に袋ごと入れて、適当に重しをのせ、梅酢が上がってくるまで待ちましょう。塩が溶けて、すっかり梅酢が上がったら、冷蔵庫に入れて梅雨が明けるのを待ちます。紫蘇を入れたい場合は、このタイミングで加えます。

梅雨が明けたら、晴天の日に梅を干し、好みの干し加減に仕上がったら瓶に詰めて保存します。梅干しは魚の梅煮や野菜の和えもの、梅酢はドレッシングやマリネ液として、日々活躍してくれますよ。

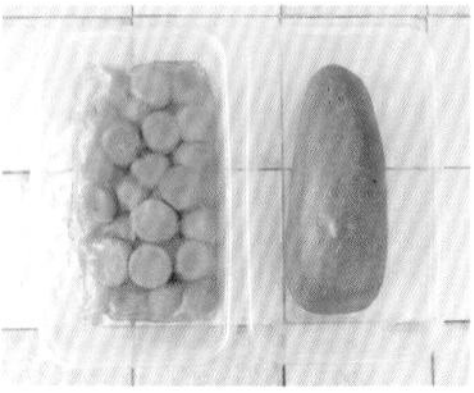

2つの大きめの保存容器の、ひとつに梅を漬けた袋、もうひとつに重石を入れて重ねると均一に圧がかかります。

トマト、オクラ、
かぼちゃの味噌汁

# 夏の食卓　その1

トマトや茄子、ピーマンにきゅうり。夏は色の濃い野菜が旬を迎えます。私の食卓もにぎやかになってきました。夏野菜でとくに好きなのが茄子。蒸しても焼いても炒めてもおいしい、主役にも脇役にもなれる万能選手です（しかも安い！）。

油との相性が最高なので、茄子を料理するときにはおいしくて新鮮な油を使うことをおすすめします。

6月1日　夜
茄子のパルミジャーナ風

揚げ焼きにした茄子の間にトマトソースとパルミジャーノを削って挟んで。本来はモッツァレラを使うナポリの家庭料理をアレンジ。ふと食べたくなって作ってみました。

6月2日　夜
緑の麻婆豆腐

いつもの麻婆豆腐（P. 66）をピーマンやニラ、青唐辛子の塩漬けを使ってアレンジ。野菜の青味も加わって、さわやかな風味に仕上がった。やっぱり、いろんなトライが大切！

6月9日　夜
茄子牛丼

友人の料理家・植松良枝さんにごちそうになったのが最高においしくて再現。薄切りの茄子と長ねぎ、牛肉を出汁、醤油、みりん、酒と山椒の実の塩漬けで煮る。ご飯にかけます。

## 6月12日 夜
### デザートに桃のファンタジア

桃とマスカルポーネと卵のクリームを重ねたティラミス風。ファンタジアは幻想、空想を意味するイタリア語でデザート名によく使われます。なんだかすてきですよね。

## 6月14日 朝
### たまにはアイスのミルクティー

暑くなったので朝食のミルクティーをアイスに。グラスに氷を入れて、30ccくらいのお湯で濃いめに淹れた紅茶を注いで牛乳を。こうすると薄まらず、おいしくできます。

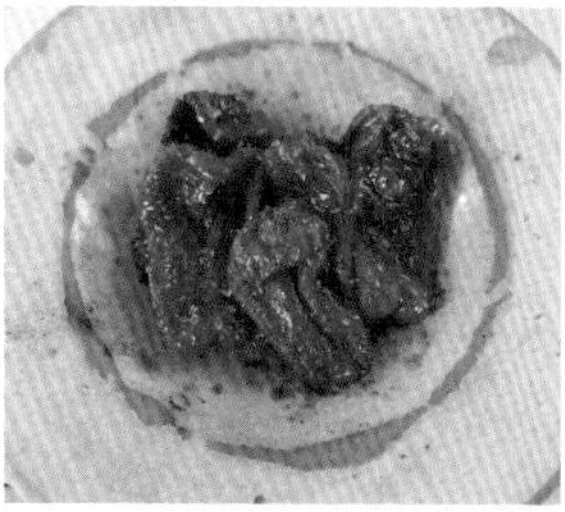

## 6月14日 夜
### 赤ピーマンの油蒸し

夏のピーマン系の野菜ならなんでも油蒸しにするとおいしくなります。旬の時季はその野菜が最高に美味で、しかも安いので、シンプルな調理でたくさん食べましょう。

## 6月15日 昼
### 目玉焼きのコラトゥーラご飯

目玉焼きにかけただけなのに絶品。コラトゥーラはイタリアの魚醤なんですが、臭みがなくクリアな旨味が特徴。イタリア食材店などで見かけたら、試してみてください。

## 6月15日 夜
### 豚キムチと卵の炒めもの

酸っぱくなったキムチが大好きで、たまにわざわざ発酵させたりします。ポピュラーな豚キムチに卵を入れると、全体にまろやかさが増して、毎度のことながらご飯がすすむ。

## 6月17日 昼
### 鯵の干ものときゅうりの和えもの

夏の定番。塩もみしたきゅうりとほぐした鯵の干ものを米酢、醤油、砂糖、白ごまで和え、刻んだ新生姜の甘酢漬けをトッピング。歯ざわりと旨味がやみつきになります。

6月18日 昼
## 卵の生姜焼き

豚の生姜焼きのたれで卵を焼いたらおいしいかも、と思いついてやってみたら大成功。しっかりとメインのおかずになります。ちなみに卵は両面焼きにしました。

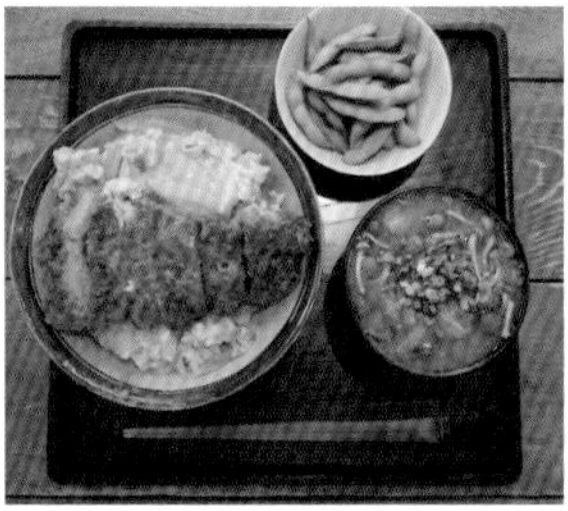

6月22日 夜
## お惣菜でカツ丼

いそいそと買ってきた20%オフのカツ。鰹出汁に醤油、みりん、砂糖を入れて玉ねぎスライスとともにぐつぐつ。卵を溶き入れて、少し固まったところで丼ご飯にオン。最高！

6月23日 夜
## じゃがいもとピーマン、豚肉の炒めもの

何気ない炒めものも、野菜の切り方に気を配るだけでおいしさに差がでます。今回は、じゃがいも、ピーマンを細切りにして、歯ごたえを楽しみました。

6月24日 夜
## 焼き茄子、明太子、ズッキーニと豆腐、なめこの味噌汁

今日は粗食ですが味噌汁だけはいつも通り気合いを入れて。まずズッキーニを先に煮てからなめこを加え、味噌を溶く。最後に豆腐を入れて沸く寸前で火を止めます。

7月1日 昼
## パプリカと豚肉の黒酢炒め

冷蔵庫のパプリカをどう食べようか。玉ねぎも一緒に素揚げし、炒めた豚肉と合わせて、黒酢・出汁・生姜・砂糖で絡め、水溶き片栗粉で酢豚風に。おいしかった！

7月4日
## 杏ジャム

イタリアの友・エンリコのマンマに教わった作り方。切った杏をいきなり炒め、とろとろになったら砂糖とレモン。最後はミキサーにかけるという大胆さ。みんな元気かなあ。

7月6日 夜

麻婆うどん
茄子となめこの味噌汁

麻婆豆腐の残りを茹でたうどんにかけて担々麺風。上から菜種油を回しかけると、風味もいいし、麺もほぐれておいしい。もちろんご飯にかけた麻婆丼もよく食べます。

7月7日 昼

蒸し鶏、パプリカ、ゴーヤのサラダ

パプリカ、ゴーヤを醤油、酢、ごま油で和えて、蒸し鶏にのせたサラダ。味均一恐怖症なので、トッピングだけに味をつけて、全体にめりはりを利かせたわけですね。

7月9日 昼

夏野菜の揚げびたし

いろんな野菜が少しずつ余っているときに作る揚げびたし。たくさん野菜が食べられてありがたい。夏野菜で作ると、その色彩の自然な美しさにはっとさせられる。

7月11日 昼

ひたし豆

枝豆のはしっこが黄色くなっていたので茹でて実を取り出し、塩、醤油で調味した鰹出汁にひたす。ひと晩おいたら味がしっかり染みこんで、塩茹でとはまた違うおいしさ。

7月11日 夜

エビフライにタルタル

わりとおいしい冷凍食品のエビフライ。タルタルは自家製マヨネーズに刻んだ赤玉ねぎ、ぬか漬けのきゅうりを入れて胡椒をひいて。和風のタルタルソースです。

7月13日 昼

おいしいと噂の冷凍チャーハン

このところ忙しく、冷凍食品のお世話に。ニチレイの「18年売上No.1」という謳い文句に激しく惹かれ、購入。間違いのないおいしさ！ 企業努力ってすごい。

## ある日の献立より

### きゅうりの梅肉和え

材料（1人分）
きゅうり…1本
梅干し…1/2個
にんにく（すりおろし）
…耳かき1杯分程度
ごま油…小さじ1
塩…少々

作り方
1 きゅうりはイボイボを包丁の背でこそげ落とし、小さめの乱切りにしてボウルに入れ、塩をふって全体になじませ、蓋をして冷蔵庫で冷やしておく。
2 梅干しは種を取り、包丁で叩いて梅肉にする。
3 1に梅肉、にんにくのすりおろし、ごま油を加えて和える。器に盛る。

6月10日 昼
自家製梅干しの果肉を叩いて、和え衣に。ごま油とほんの少しのにんにくを入れて、ちょっとナムルを意識した作り方。しっかりした味なのでメインのおかずにも。

6月10日 夜

ピチピチした小鰯を見つけるとうれしくて即購入。黒酢入りの煮汁でいつもの煮つけにする。酢が入ることで臭みも取れ、後味もさっぱり。やわらかくなった鰯の骨も大好きです。

## 鰯の黒酢煮

材料（作りやすい量）

鰯（小）…10匹

A
- 酒…40cc
- 黒酢…40cc
- 醤油…40cc
- 黒砂糖…大さじ2
- 新生姜…1片
- 新にんにく…2片

大葉…適量

作り方

1 鰯は頭と内臓を取り除く。新生姜は3㎜程度の厚さにスライスする。にんにくは皮をむく。

2 圧力鍋にAを入れ、火にかける。

3 沸騰したら鰯を重ならないよう並べ、蓋をして圧力がかかったら20分加圧する。圧力鍋がない場合は弱火で1時間ほど煮る。火を止めてそのまま冷ます。

4 器に盛り、大葉のせん切りをたっぷりとのせる。

6月12日　夜

フェンネルの香りがアクセントの、とうもろこしスープ。生のフェンネルがない場合はフェンネルシード小さじ1を使う。ボリュームがあるのであとはパスタひと皿で満腹です。

# とうもろこしとフェンネルのスープ

材料（4人分）
とうもろこし…2本
フェンネル（葉の部分や茎の硬い所）…適量（またはフェンネルシード小さじ1）
水…400cc
塩…少々

作り方
1とうもろこしは皮をむき、実を包丁で削ぎ落とす。
2鍋にとうもろこしの実、芯、フェンネル、塩ひとつまみ、水を入れ、火にかける（フェンネルが落とし蓋のようになるよう、いちばん上にのせる）。沸騰したら弱火に落とし、蓋をして煮る。
3 20分ほど煮て、とうもろこしの甘さとフェンネルの香りが茹で汁にでていたら火を止める。
4とうもろこしの芯とフェンネルを鍋から取り出し、塩で味を調える。温かくても冷やしてもおいしい。

# 蒸し茄子のベトナムだれ

材料（2人分）
茄子…3本

［ベトナムだれ］
スペアミント…ひとつまみ
バジリコの葉…1枚
ナンプラー…小さじ1と1/2
水…小さじ1
レモン汁…小さじ1
蜂蜜…小さじ1
唐辛子の塩漬け（なければ種を取った唐辛子を刻む）…小さじ1/2
にんにく（みじん切り）…小さじ1/2
新生姜（すりおろし）…小さじ1

作り方
1 茄子は皮をむき、蒸気の上がった蒸し器で10分ほど蒸す。指で触ってみて、ふかふかになっていれば取り出し、粗熱を取る。
2 スペアミント、バジリコの葉はみじん切りにする。
3 たれの材料をすべて混ぜ合わせる。
4 茄子を食べやすく切って器に並べ、たれをかける。

＊唐辛子の塩漬けは、生の唐辛子を刻んで、その重量8％の塩で漬けたもの。

6月22日 夜
今日は蒸し茄子をどんなたれで食べようかと考え、ベトナムだれに決定。ミントやバジリコが香るこのたれは、冷奴や、蒸し鶏、焼き魚にかけてもおいしい。

# 飽きない味はムラがあるから

料理の仕上げには、結晶塩をふることが多いです。この仕上げの塩で、食べる場所によって濃い薄いの味のムラが生まれます。味の不均一さが、何度食べても飽きない味になる秘訣なんです。なんでも均一がいいというわけじゃないんですね。和食には〝混ぜる〟ではなく〝和える〟という調理法がありますが、〝混ぜる〟は均一にすること、〝和える〟は不均一な余白を残すこと、というふうに私は解釈しています。

野菜はまな板を使わず、空中で切る。刃がギザギザしたナイフで切ると、断面が荒れて味がよく絡みます。市販のドレッシングは、味が均一に〝混ざって〟いるので、私はオイル、ビネガー、塩を別々に加え、毎回違う味を楽しんでいます。最後に仕上げの結晶塩をお忘れなく。

6月21日　夜

パスタに合わせてシンプルサラダ。このサラダの肝はやっぱり、ビネガー、オリーブ油、塩のクオリティにある。料理がシンプルなほど調味料の質が大切になってきます。

## シンプルサラダ ㋝

材料（すべて適量）
わさび菜
きゅうり
トマト
赤玉ねぎ
オリーブ油
赤ワインビネガー
塩、結晶塩

作り方
1 わさび菜は食べやすくちぎり、ボウルに入れる。
2 きゅうり、トマト、赤玉ねぎはあればギザギザの刃のナイフを使い、ボウルの上で空中切りする。
3 オリーブ油を全体に回しかけ、よく和える。
4 赤ワインビネガーをたらし、塩をふって全体に和える。このとき、ボウルの底に油やビネガーが残らないくらいがちょうどいい。
5 器に盛り、結晶塩をふる。

ぬか漬けのすすめ

ずっと気になっていたぬか漬け。友人から教わったのは、ぬかと塩と水だけで作る最高にシンプルなレシピでした。試してみるとこれが美味。野菜の素直なおいしさが伝わってくるんです。福岡・小倉の郷土料理、青魚のぬか炊きも定番メニューになりました。

# ぬか床の仕こみ

材料（作りやすい量）
ぬか…300g
水…240g（ぬかの80％）
塩…36g（ぬかの12％）

1 一度沸騰させ、冷ました水に塩を加えてよく溶かす。

2 ぬかに1を少しずつ加えてよく混ぜる。

3 容器に入れて平らに調える（写真は材料の2倍量）。

## 捨て漬けと手入れ

・常温のぬか床に野菜の切れ端を漬けて（捨て漬け）、3日おいたら、野菜を取り出し、底からしっかり混ぜる。このとき、野菜の汁を搾ってぬか床に戻すこと。
・この作業を3週間程度続けると、旨味と酸味が加わってさらにおいしくなる。
・あとは、1日1回しっかりぬか床を混ぜる（冷蔵保存の場合は2日に1回程度）。野菜の水分がでてぬか床がゆるくなったら、足しぬかをして塩分を加えるなど調整を。夏の暑い時季は冷蔵庫に入れておいたほうが管理しやすい。また、長期間留守にする場合は冷凍し、使うときに自然解凍する。

# 鯖のぬか炊き

材料（作りやすい量）
鯖切り身…1匹分
A
水…200cc
酒…50cc
醤油…50cc
きび砂糖…15g
生姜スライス…2枚
長ねぎの青い部分…1本分
鷹の爪…1本
ぬか床…50g

作り方
1 鍋にAをすべて入れ（辛いのが好きな人は鷹の爪をちぎって種ごと入れる）、火にかける。
2 沸騰したら鯖の切り身を加え、落とし蓋をして中弱火で煮る。
3 魚に火が入ったら、ぬかを加えて煮汁を煮詰める。とろりと魚に絡むくらいの濃度に仕上げる。

# 夏の食卓　その2

撮影にレシピの試作にと、けっこう忙しかった夏。こういうとき頼りになるのは、作りおきしていたラグーや煮もの、毎日丹精しているぬか漬けや、ときどき買いおきする冷凍食品。とくに半調理されている鯵フライやエビフライは優秀で、さっと揚げて自家製タルタルを添えれば立派なひと品になります。なにがなんでも手作りを、とは思いません。できるときやればいい。〝無理なく、おいしく〟がバランスのいいやり方かなと考えています。

7月15日　夜
塩豚と万願寺唐辛子の炒めもの

塩豚はたいていの野菜と相性がいいけれど、ピーマン系にハズレなし。いつも通り塩豚をじりじり焼いてから万願寺唐辛子を炒め合わせる。夏のぬか漬けはやっぱりうまい。

7月20日　昼
豚ととうもろこし、カシューナッツの炒めもの

ナッツ系はなにかしら常備。炒めものに入れたり、ペースト状にして和えものに使ったり。ナッツ特有のコクが料理をおいしくする。アーモンドや松の実もおすすめです。

7月21日　昼
ラグーのパスタ

前夜に作ったラグーでパスタ。にんにく、赤玉ねぎ、椎茸、合いびき肉を炒め合わせ、トマト水煮とバジリコ、クローブ。ひとり静かにコトコト煮こむ時間はなんだか豊かな気分。

## 7月22日 夜
### 肉味噌の残りに炒り卵

作りおきの肉味噌に炒り卵を加えてまろやかに。メインにも脇役にもなってくれて、卵はいろんな意味でお助け食材だと思う。味噌汁の具はオクラ、豆腐、茄子でした。

## 7月24日 昼
### 焼き茄子のナムル

焼き茄子は生姜醤油だけでなくぜひナムルも試して。出汁、塩、醤油、ほんの少しのおろしにんにくで和えるだけ。さらに唐辛子の塩漬けを入れれば、味が引き締まります。

## 7月26日 夜
### 天ぷらうどん

撮影後、なにも作る気がしないので、茄子、ごぼう、ピーマンの天ぷらを揚げてザルうどん。いや、天ぷらって楽ですよ。便利な粉もありますし。揚げるだけですもん。

## 7月30日 昼
### 茄子のカヴァテッリ

手打ちパスタ（P.43）を作ったら。にんにくを炒め、輪切りにした茄子をオリーブ油で蒸らし炒め。とろっとしたら塩。パセリと韓国唐辛子をかけてできあがり。

## 8月3日 夜
### パプリカと牛肉のプルコギ

韓国料理会を開くため、その試作を。ちょっと甘めの醤油だれで味つけした牛肉が美味。韓国料理もレパートリーに加えようかと思えるほどのできばえだった。

## 8月4日 昼
### ゴーヤと新生姜のチヂミ

これも試作。生地に鰹出汁と卵を使ったので、いつものチヂミよりふわっとした仕上がりに。刻んだ新生姜をたっぷり入れたら味がうまくまとまりました。

## 8月6日 夜

### 枝豆、冷奴、ぬか漬け

晩酌もしないのに枝豆好き。枝豆をしっかり濡らして塩をまぶし、多層構造の鍋に5㎜ほど水を入れて、蓋をして蒸し煮する。塩もお湯も節約できて味も濃く仕上がります。

## 8月9日 昼

### マサラチキンのカレー鍋

カレー屋さんをやっている友人がカレー鍋の素を開発したので、そのレシピを試作。骨つき鶏のぶつ切りにトマト、オクラを入れて夏のカレー鍋が完成しました。

## 8月10日 夜

### 納豆といんげんの炒めもの

冷蔵庫の中で干からびかけの納豆を発見。いんげんと炒め合わせ、えごまの葉に包んで食べる。思えば、なにもないとき、えごまの葉にいつも助けられてるなあ。

## 8月12日 昼

### 塩豚とキムチの煮もの

塩豚とキムチは王道の組み合わせ。炒め合わせてもいいけど、ちょっと味をやわらかくしたかったので水分を加えて煮ものにしてみました。酸味のあるキムチがいい出汁に。

## 8月13日 夜

### しらすとレモンのペペロンチーノ

レモンが効いたさわやかなパスタ。オイル系のパスタはフライパンで炒めるときに茹で汁を大さじ3ほど加えるとなめらかな仕上がりに。茹でるときの塩加減も大切です。

## 8月15日 夜

### プルコギ

どうもプルコギ作りにハマったかんじ。えごまの葉を添えるとおいしいけど、上にパクチーを散らしても好相性。パプリカ、玉ねぎとけっこう野菜を多めに摂れるのもヘルシー。

8月16日 夜

豚肉のソテー マデラソース

豚肉を焼いたフライパンにマデラ酒、生姜ジャム、粒マスタードを入れて煮詰める。マデラ酒の風味を楽しむソース。生姜ジャムがなければ、おろし生姜と蜂蜜でもいい。

8月18日 夜

ご飯のお供いろいろ
かぼちゃのクレーマ

教室の後、力尽きて残りものご飯。半分だけの茹で卵がなんとも。昆布の佃煮、芋づるの煮もの。少ないおかずでもご飯を1合食べられるのはもはや特技かもしれません。

8月19日 夜

牛肉のヤンニョム炒め
枝豆

茄子のキムチに使ったヤンニョムと牛肉を炒め合わせてみたら、正解！豚肉の生姜焼き同様にトマトスライスとの相性もよかった。定番の組み合わせになりそうな予感。

8月25日 昼

焼き芋のピュレ

サラダのように食べるピュレ。安納芋など甘いさつまいもを潰してオリーブ油と塩を加えて練り、青ねぎと韓国唐辛子を散らす。アボカドを入れるとまた美味。パンにも合います。

8月27日 昼

ハンバーグ

ひさしぶりにハンバーグを作る。ソースは、ケチャップ、醤油、酒、にんにく少々と新生姜ジャムを混ぜて。つけあわせは冷蔵庫に残っていたかぼちゃを蒸しました。

8月27日 夜

かぼちゃのコロッケ
茹でレタスのサラダ

レタスを最高においしく食べる方法を発見。塩と菜種油を入れたお湯に食べやすくちぎったレタスを入れて茹で、黒酢と醤油で和え、塩で味を調える。ぺろり半玉はいけます。

## ある日の献立より

### トマトと鶏肉の照り煮 ㋝

材料（2人分）
鶏もも肉…250g
トマト…2個
ニラ…1/2束
生姜…少々
きび砂糖…小さじ1
片栗粉…大さじ1
サラダ油…大さじ1
塩…適量
酒、醤油、みりん…各大さじ1

作り方
1 ニラを1cm幅に切る。生姜は皮ごとすりおろす（搾り汁を使う）。トマトは乱切りにする。
2 鶏肉をひと口大に切り分けてボウルに入れ、塩ふたつまみをなじませ、片栗粉を加えて全体にまぶしつける。
3 鍋にサラダ油を入れて温め、鶏肉を炒める。表面の色がだいたい変わったらトマトを入れ、炒め合わせる。
4 酒、醤油、みりん、きび砂糖を加える。
5 ふつふつ沸いてきたら弱火にし、10分ほど煮こむ。
6 生姜の搾り汁を加え、ニラを入れたらさっと混ぜ、火を止める。

8月15日 昼

ほんのり甘酢っぱいとろりとした煮ものはご飯にかけると最高です。生姜の風味がきりりと効いてさっぱりと食べられますから、食欲のないときにもおすすめです。

6月29日 夜

冷凍庫にあったあさりで春雨を煮てみたら、とてもおいしくできたという偶然の産物。春雨と蒸し茄子に染みこんだあさりの旨味がたまりません。これまたご飯がすすみます。

# 蒸し茄子とあさり、春雨の炒め煮

材料(2人分)

茄子…1本
あさり(砂抜き)…1パック
春雨…1袋
長ねぎ…1本
鷹の爪(中国産)…5本
にんにく…1片
生姜…1片
菜種油…適量
酒…20cc
水…40cc
ナンプラー…小さじ1
醤油…小さじ2
塩…適量

作り方

1茄子は皮をしましまにむいて、蒸し器でやわらかくなるまで蒸し、乱切りにする。長ねぎの白い部分は斜め薄切りにし、青い部分は5cm幅程度に切る。

2春雨は熱湯につけて表示通り戻し、ザルにあげる。

3鷹の爪はハサミで半分に切り、種を取り出す。にんにくは潰し、生姜はせん切りにする。

4フライパンに菜種油、鷹の爪、にんにく、生姜、長ねぎの白い部分を入れ、弱火でじっくり加熱し、香りを立たせる。

5あさりと酒を入れて蓋をして中火にし、あさりがすべて開いたら火を止める。あさりを取り出し、殻から身を取り外す。

6茄子、春雨、長ねぎの青い部分、あさりをフライパンに戻し入れ、水、ナンプラー、醤油を注いで中火にかける。沸騰したら味を見て、足りなければ塩をふる。

7春雨にスープを吸わせるように炒め煮にし、水分がほぼ引いたら器に盛る。

7月2日　昼

中国の雲南省、山間の小さな村の食堂で食べたのがこの麻婆豆腐。厨房に入りこみ、作り方を見せてもらったら、豆板醤も豆鼓も使わないシンプルさ。驚きのおいしさです。

## 麻婆豆腐 ㋝

材料（作りやすい量）
- 木綿豆腐…250g
- 豚ロース肉…150g
- にんにく…2片
- 生姜…1片
- 紹興酒…20cc
- 水…40cc
- 醤油…小さじ2
- 韓国唐辛子…小さじ1
- 塩…適量
- 胡椒…少々
- 花山椒（あれば）…小さじ2
- 菜種油…大さじ1

作り方

1 花山椒は鍋で乾煎りし、香りが立ったらすり鉢で潰す。木綿豆腐は大ぶりに切って鍋に入れ、水を張って火にかける。沸騰したら5分茹で、ザルにあげる。

2 豚ロース肉、にんにく、生姜、塩小さじ½、胡椒をフードプロセッサーにかけ、ひき肉にする（包丁で叩いてもいい）。

3 フライパンに菜種油を温め、ひき肉を入れる。肉からでてくる脂が透明になったら、豆腐を入れ、木べらなどでざっくり崩す。

4 紹興酒、水、醤油、韓国唐辛子を入れて火を強め、アルコールを飛ばしたら、塩で味を調える。器に盛り、花山椒をかける。

post card

料金受取人払郵便

浅草局承認

1068

差出有効期間
2022年
9月30日まで

111-8790

051

東京都台東区蔵前2-14-14 2F 中央出版

アノニマ・スタジオ

毎日食べる。家で、ひとりで。係

⊠本書に対するご感想、渡辺康啓さんへのメッセージなどをお書きください。

このはがきのコメントをホームページ、広告などに使用しても　可　・　不可　（お名前は掲載しません）

# 毎日食べる。家で、ひとりで。

3/220530

この度は、弊社の書籍をご購入いただき、誠にありがとうございます。今後の参考にさせていただきますので、下記の質問にお答えくださいますようお願いいたします。

Q/1. 本書の発売をどのようにお知りになりましたか？
□書店で見つけて　□Web・SNSで（サイト名　）
□友人、知人からの紹介　□その他（　）

Q/2. 本書をお買い上げいただいたのはいつですか？　年　月　日頃

Q/3. 本書をお買い求めになった店名とコーナーを教えてください。
店名　コーナー

Q/4. この本をお買い求めになった理由は？
□著者にひかれて　□タイトル・テーマにひかれて
□写真にひかれて　□その他（　）

Q/5. 価格はいかがですか？　□高い　□安い　□適当

Q/6. 暮らしのなかで気になっている事柄やテーマを教えてください。

Q/7. お気に入りの料理本について教えてください（料理家・タイトル・テーマなど）。

Q/8. 作ってみて気に入った料理や、これから作りたいメニューを教えてください。

Q/9. ごはんを作るときに大切にしていることはなんですか？

お名前

ご住所　〒　ー

ご職業　ご年齢

e-mail

今後アノニマ・スタジオからの新刊、イベントなどのご案内をお送りしてもよろしいでしょうか？　□可　□不可

ありがとうございました

# 芋づるの煮もの

材料（作りやすい量）
芋づる（さつまいもの茎）…150g
じゃこ…20g
菜種油…小さじ2
A
酒…大さじ1
醤油…大さじ1
みりん…大さじ1
きび砂糖…小さじ1/2
ごま油…少々

作り方
1芋づるは食べやすい長さに切る（硬そうなら先に手で皮をむいてもいい）。
2鍋に菜種油を入れて火にかけ、芋づるを入れ、半透明になるまで炒め、じゃことAを加える。
3炒め煮にし、煮汁がほぼ引くまで炒める。仕上げにごま油少々を加え混ぜる。

7月31日 昼
産直コーナーで見つけた芋づる。売り場の人に作り方を教わりました。やわらかかったのでそのまま作ったけど、硬い場合は皮をむいたほうがいいそうな。素朴な味に和みます。

# 蒸し鶏活用法

食卓にしょっちゅう登場するのがこの蒸し鶏。寝る前に仕こんでおけば翌朝完成する手間いらず。むね肉だからさっぱりしていて、アレンジもしやすい。私の場合、裂くときは思いきりていねいに細く、切り分けるときはやや厚めに。それぞれ食感が違って、口当たりもごちそうのひとつだと思います。

## 蒸し鶏の仕こみ ㋝

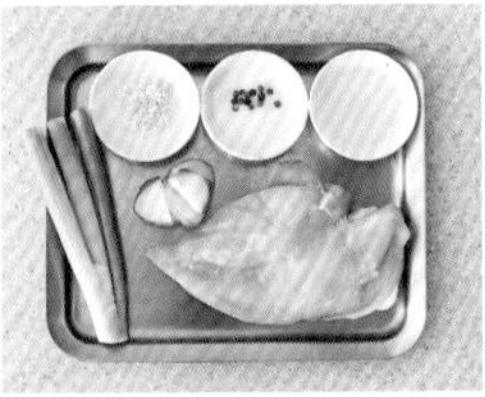

材料（作りやすい量）
鶏むね肉…1枚
A
塩…鶏肉の重量1％分
酒…小さじ2
生姜スライス…6枚
黒胡椒…10粒
長ねぎの青い部分…適量

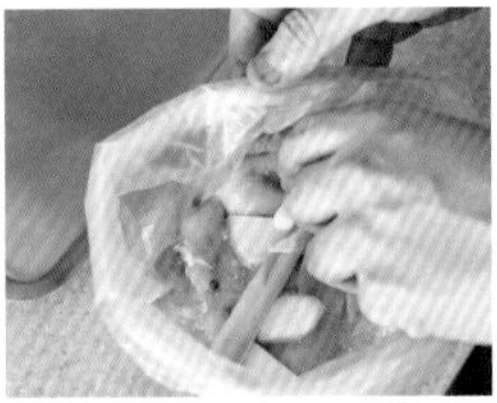

1 大きめのポリ袋に鶏むね肉とAを入れる。塩の量はきっかり鶏むね肉の重量1％を推奨。生姜、黒胡椒などは味の偏りを防ぐため両面に分けて入れるといい。

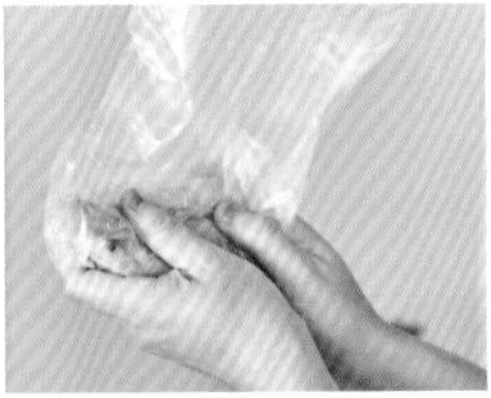

2 よくもみこむ。

3 大きめのボウルに水を張り、2を深く沈めて空気を抜いていく。

4 ポリ袋の根本をつかみ、空気をさらに抜いてひと結びする。

5 保温性の高い鍋にたっぷりお湯を沸かして火を止め、4を沈める。

6 結び目を外に出して蓋をする。

7 5～6時間経ったら引き上げる。

8 皮をはぐ（好みで）。

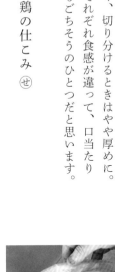

## 蒸し鶏の中華風前菜

材料（1人分）
蒸し鶏…半身分
長ねぎ…5㎝分
きゅうり…5㎝分
ごま油…適量

作り方

1 蒸し鶏はできるだけ細く裂く。長ねぎは白髪ねぎにし、冷水につける。きゅうりはかつらむきにして、端から細く切る。

2 白髪ねぎを水からあげて、よく水気を切り、ごま油を少量絡める。

3 器に蒸し鶏を入れ、きゅうりをのせる。上に白髪ねぎを飾る。

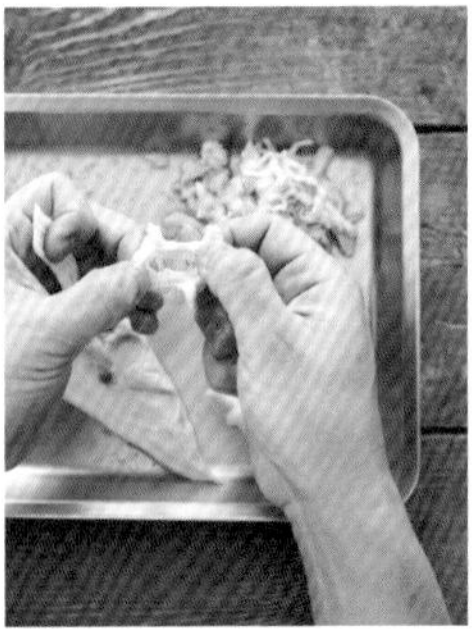

鶏むね肉は、繊維に沿ってできるだけ細く裂いていく。細ければ細いほどおいしい。

## 蒸し鶏のアグロドルチェ

材料（1人分）
蒸し鶏…半身分
赤玉ねぎ…½個
みょうが…1個
レーズン…小さじ2
カシューナッツ…6粒
赤ワインビネガー…小さじ2
きび砂糖…小さじ1
塩…適量
オリーブ油…小さじ1

作り方
1 蒸し鶏はそぎ切りにする。赤玉ねぎはくし切りに、みょうがはせん切りにする。カシューナッツはフライパンで乾煎りして刻む。
2 アグロドルチェを作る。鍋にオリーブ油を温め、赤玉ねぎ、みょうが、塩を入れて炒める。しんなりしたらレーズン、ワインビネガー、きび砂糖を入れて炒め合わせ、塩で味を調える。
3 蒸し鶏を器に並べ、2をのせ、カシューナッツを散らす。

# 調理道具について

我が家の台所から出番の多い道具を紹介。鋳物や多層構造ステンレスの鍋は煮こみが上手にできますし、鉄のフライパンで焼いた肉のおいしさは格別。そしてハンディブレンダーは料理の幅を広げてくれる逸品です。

ストウブ ラウンド ココット

肉も焼ける鋳物鍋。ご飯を炊くとき、蒸し鶏を作るときも活躍。もちろん煮ものも得意。直径 20cm

ターク クラシック グリルパン

ドイツの職人が作る鉄製のフライパン。両耳は日本仕様でオーブンにも入れやすい。直径 23cm

山田工業所の打ち出し片手鍋

炒めものに欠かせない中華鍋。お玉の柄が長いので手元が熱くならず使いやすい。直径 30cm

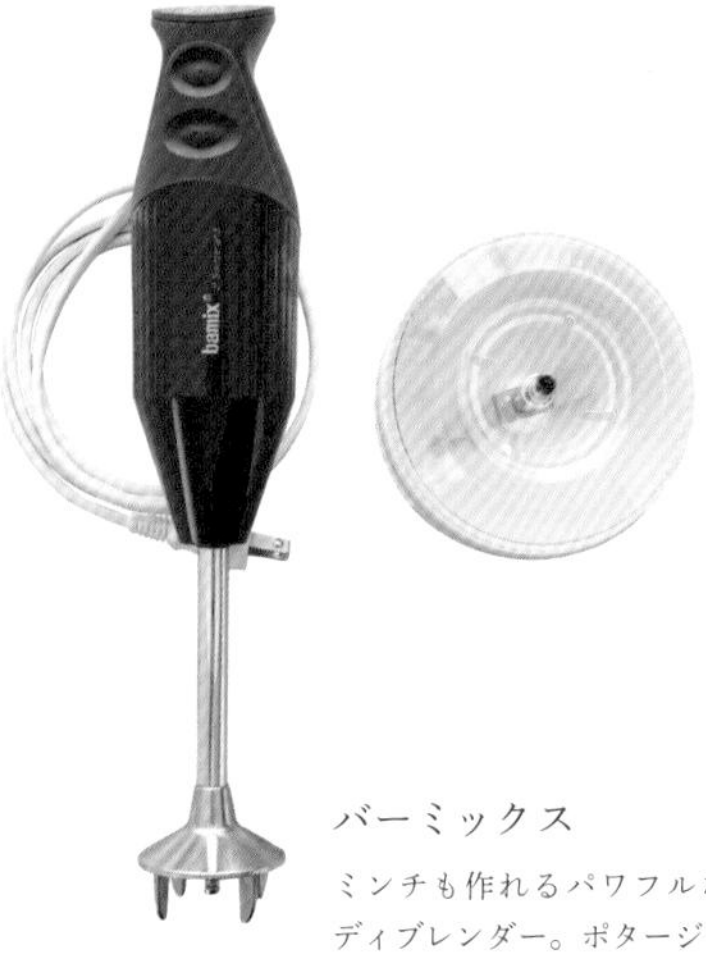

バーミックス

ミンチも作れるパワフルなハンディブレンダー。ポタージュ作りにも活躍してくれます。

カバスプーン

子供の頃から使っているスプーン。昔はピンク色のカバでした。味見用として今も現役です。

## クリステルの小鍋

ご飯を1合炊いたり、揚げものをしたり。少量の料理に力を発揮する。直径14cm

## 有次の両口雪平鍋

雪平は絶対両口が使いやすい。在庫がなくてもオーダーできます。直径15、18cm

## フィスラーの片手鍋

おすすめはプロコレクション。熱の回りがやわらかく、煮こみがおいしく仕上がります。直径16cm

## デジタルスケール

塩分は素材の分量のパーセンテージで決めることの多い私。きっちり量れるデジタルスケールを愛用。

## マトファーの木べら

24cmと30cmを使用。鍋へのあたりもやわらかく、手放せません。

## 市原平兵衛商店の盛りつけ箸

繊細な箸先だけでなく平たい箸頭も使い勝手がいい。22、28、33cm

## ブランシェ・アソシエのミニスパチュラ

長さ15cmと小さめなので指先の延長のように小回りが効く。

## グローバルの牛刀

愛用しすぎてメーカーはもう研げないと。自分で研いでます。20cm

# 秋

ここ最近は秋が短く、夏の暑さをずいぶんと引きずるようになってきました。この食日記も、秋だというのに、まだまだ夏っぽいものが多い献立になっています。

それでも秋は、新米を心待ちにする季節です。私は粒の立った硬めのお米が好きなので、いつもササニシキを買っています。幸い、無農薬無施肥《むせひ》のおいしいお米が近所で売っているので、毎年この季節になるといつ店先に並ぶかなぁとソワソワ。

お米が炊けるときの匂いや蒸気、蓋を開けた瞬間に目に飛びこんでくるきらきらした色彩。お米のすべてが愛おしい。

年中いつもご飯はてんこ盛り。一食一合のペースは崩れません。ちなみに玄米の場合は、ササニシキではなくコシヒカリが好きです。

焼きパプリカ、
卵にすりおろし生姜をのせた味噌汁

# 秋の食卓　その1

9月といってもまだまだ暑い。たっぷり煮出して常備してある麦茶に氷を入れてお盆にセット。お米にも合うのでこの時季に欠かせない相棒です。

実は9月の終わりに海に近い場所へ引っ越しました。犬を飼うことにしたのです。黒ラブ（ラブラドルレトリバー）のジーノ。しっかりした散歩が欠かせないので私もいい運動になりますが、食欲が増すのも考えもの？

引っ越しの忙しさもあって、簡素な献立の日もありますが、それもまた日常の一コマです。

9月1日　昼
煮麺

胃がもたれ気味だったので煮麺に。鶏肉（骨つきぶつ切り）を生姜、玉ねぎ、粒胡椒、水で2時間くらい煮て濾すとおいしいスープが取れます。麺は半田そうめん派です。

9月2日　夜
ヒレカツ、ねぎ入り卵焼き

ロースカツは家で作る気にならないけど、ヒレカツだとやる気になるのはなぜ？　つけ合わせのブロッコリーはローリエを入れたお湯で塩茹でするとほんのり香りがしておいしい。

9月3日　昼
ピーマン海苔和え

ピーマンに串を打って直火焼き。香ばしさも調味料のひとつ。焦げたら皮をむき、種とヘタを取ってせん切りにし、辛子明太子、ごま油、のり、刻みねぎと和える。

9月4日 昼

干しきゅうりと豚肉炒め

薄切りにしたきゅうりをザルに広げて昼の間だけ干すと旨味が凝縮して歯ごたえもいい。豚肉をフードプロセッサーでひいて、水切りした豆腐と合わせて炒める。

9月6日 昼

鯖のぬか炊き

青魚のぬか炊きはご飯がすすみます。今日は鯖。福岡空港でもいろいろ売っているので出張のついでに購入することも。甘辛く煮つけてあってぬかの風味が香ばしいのです。

9月8日 昼

塩唐揚げ、サラダかぼちゃのハニーマスタード和え

5㎜厚に切ったサラダかぼちゃに塩をふって少しおき、水がでてきたら粒マスタードと蜂蜜、レモンの搾り汁、オリーブ油をかけて和えるだけ。半分は密閉容器に入れて取っておこう。

9月8日 夜

いただきものの夕ご飯

韓国料理の先生で友人のナレちゃんが送ってくれたキムチ、にんにくの甘酢漬け。カクテキが絶品でした。味噌汁は豆腐とサラダかぼちゃ。マリネもいいけど味噌汁にも合います。

9月12日 昼

アボカドのキムチのせ
卵と焼きパプリカの味噌汁

焼きパプリカと和食の出汁の相性はとてもよく、味噌汁にするとパプリカの出汁とあいまって風味豊か。卵の味噌汁にはすりおろした生姜を添えるとさらにおいしい。

9月12日 夜

ニラ、ピーマン、豚肉、卵の炒めもの

ピーマンは包丁で半分に切って種を取った後、手でちぎると食感が楽しくおいしさも増す。トマトスライスのキムチのせは赤いもの同士、味の相性もよく、食卓の常連。

### 9月13日 夜
## 甘鯛のズッパ

甘鯛の出汁は絶品。焼いても茹でてもおいしい魚で、一度食べると普通の鯛が淡白すぎて物足りなくなるほど。ズッパ（スープ）は、切り身を使えばかんたんに作れますよ（P.90）。

### 9月16日 夜
## 目玉焼き、栗ご飯

慎重に焼くだけで目玉焼きはごちそうになる。よく熱した鉄のフライパンに油をひき、煙が立ったら卵をやさしく割り入れ、すぐに弱火にして、黄身が好みの硬さになるのを待つ。

### 9月21日 昼
## ごぼうと牛肉の甘酢炒め
## オクラ、大根、豆腐の味噌汁

味噌汁がおいしすぎて、同じ具材が続いてもまったく飽きない。ただし、毎回集中して作る（惰性でやらない）。ごぼうと牛肉の炒めものに酢の酸味も正解だった。

### 9月22日 夜
## 鶏つみれと豚のしゃぶしゃぶ

ベトナムで買った一人用土鍋が活躍。鍋に昆布出汁を沸かし、生姜のすりおろし、ねぎ、花山椒と塩、片栗粉、卵でまとめたつみれを投入。この出汁で食べる豚肉も最高です。

### 9月30日 夜
## トマト、梅干し、海苔の佃煮
## 椎茸と油揚げ、小松菜の味噌汁

引っ越しがようやく片づく。外食続きだったので、自分で真剣に作った味噌汁のおいしさに思わず目がカッと開くほど感動。やはり質素でも家で食べるのがいちばんだなと思う。

### 10月1日 夜
## 小松菜のオイル蒸し

小松菜に限らず、空芯菜など青菜のオイル蒸しはなにかと便利。厚手の鍋に洗った青菜と塩、オリーブ油を注いで蓋をして弱火で蒸し煮。たっぷり野菜もぺろりですよ。

10月2日 昼

**マルちゃんの焼きそば**

たまに食べたくなる、ソース焼きそば。豚肉、キャベツ、玉ねぎ、にんじんでベーシックに。自家製の紅生姜や穂紫蘇の梅酢漬けがいいアクセントになる。

10月4日 夜

**カシューナッツのよだれ鶏風**

蒸し鶏のアレンジ。トマトスライスの上にせん切りきゅうりと素揚げして刻んだカシューナッツ、蒸し鶏を和えてのせる。中国料理店「巴蜀（はしょく）」のラー油をかけて。

10月5日 昼

**焼鮭、塩じゃばらに生姜**

友人から玄米が届く。七分づき米派だったが、これはぜひ玄米で食べてほしいとのこと。圧力鍋で炊くとハマるおいしさ。コシヒカリでもあっさりとした味になる。開眼！

10月8日 夜

**豚バラ、大根、ごぼうのナンプラー煮**

友人が遊びに来る。時間がないので圧力鍋で豚バラと根菜の煮もの。パクチーの根、ゆず胡椒、米酢をすり合わせたたれで、豚の脂っこさが抑えられ、さっぱりと食べられた。

10月14日 夜

**さつま揚げ**

さつま揚げは魚焼きグリルで焼き直すとおいしくなることが判明。ただし、焼きすぎると表面の皮が硬くなってしまう。チヂミのたれもよく合う（いつもは醤油とすり生姜）。

10月15日 昼

**鯵の干もの
豆腐、なめこ、大根の味噌汁**

出身の鳥取と同様に、福岡も魚のおいしい土地。ちょっとした干ものの味もいい。味噌汁のなめこは意外とデリケート。煮すぎるとおいしさが失われるので、さっと煮るのがコツ。

## ある日の献立より

10月5日　昼

豚汁のときのご飯の相方はちょっとしたお漬けもの程度でじゅうぶん。とはいえ、この高菜の油炒めも、ものすごくご飯がすすみます。福岡の人が愛するおかずです。

## 豚汁の気合い

　おそらく嫌いな人はいないであろう豚汁。具だくさんで、豚汁とお米さえあれば！という気持ちにさせてくれる、安心感たっぷりのこの料理。大きな鍋にたくさん作って、毎日楽しみたいですよね。

　でも、作りおきの味噌汁が苦手な私は、どうしたら毎日おいしく食べられるかを真剣に考え、その結果、味噌を2回に分けて入れる方法にたどりつきました。

　味噌は溶きたてが最高の香りです。でも具材に味が染みているのも、豚汁の大事な要素。薄味の味噌で煮こんでおいて、食べるときに必要な分だけ小鍋に取って、追加の味噌で味を調えれば両方のいいとこ取り。具材を煮こみすぎて、溶けてしまうこともありません。最後まで手を抜かない豚汁です。

## 豚汁

材料(作りやすい量)
豚肉こまぎれ…150g
大根…5cm分
にんじん…1本
長ねぎ…1本
こんにゃく…200g
里芋…1個
ごぼう…2/3本
豆腐…1/2丁
昆布といりこの出汁(P.13)
…800cc
味噌…適量
菜種油…大さじ1

作り方
1こんにゃくは手でひと口大にちぎって、沸騰したお湯に入れて茹でこぼす。里芋は皮ごと10分ほど茹で、皮をむいて食べやすく切る。大根は皮をむいていちょう切り。ごぼうは皮を包丁の背でこそげ落とし、乱切りにし、水を張ったボウルに入れてもみ洗いし、水が茶色くなったらザルにあげておく。

2鍋に菜種油を温め、長ねぎの青い部分の薄切り、乱切りにしたにんじんを入れて塩(分量外)をふって炒める。長ねぎがしっかりと甘く、香ばしくなるまでよく炒め、豚肉を入れて脂が透明になるまで炒める。

3大根、ごぼう、こんにゃくを入れて炒め合わせ、昆布といりこの出汁を注ぐ。沸騰したら弱火にして、里芋を入れる。

4味噌を薄味程度に溶かし、蓋をして弱火で30分煮こむ。火を止めてそのまま冷ます。

5食べる分だけ小鍋に取り分け、温め直す。味噌を入れて味を調え、食べやすく切った豆腐を入れ、温まったら器に盛る。長ねぎの薄切りをのせ、七味を添える。

## 高菜の油炒め

材料(作りやすい量)
高菜漬け(市販のもの)
…200g程度
醤油…大さじ1
みりん…大さじ1
きび砂糖…小さじ2
韓国唐辛子…ひとつまみ
白ごま…小さじ2
菜種油…大さじ1

作り方
1高菜漬けは1cm幅程度に刻む。
2鍋に菜種油を温め、高菜漬けを炒める。
3醤油、みりん、きび砂糖、韓国唐辛子を加えて甘辛く煎りつけ、仕上げに白ごまをふり、混ぜる。

# 栗とチーズの春巻き ㋝

材料（6本分）
栗…8個
玉ねぎ…½個
パルミジャーノ…10g
春巻きの皮（お弁当用などの小さめがおすすめ）…6枚
揚げ油…適量
蜂蜜…適量
塩、結晶塩…適量
胡椒…適量
オリーブ油…適量

作り方
1栗は鬼皮ごとたっぷりの水で1時間ほど茹で、そのままお湯の中に入れて冷ます。鬼皮と渋皮をむき、粗く刻む。

2玉ねぎは薄切りにする。パルミジャーノは削る。

3鍋にオリーブ油と玉ねぎ、塩をひとつまみ入れて火にかけ、とろりとするまで中弱火で炒める。

4ボウルに栗、炒めた玉ねぎ、パルミジャーノを入れ、胡椒をたっぷりとひいて混ぜる。

5春巻きの皮にのせ、巻く。巻き終わりは水でとめる。

6揚げ油を180度に温め、春巻きを入れる。全体が香ばしく色づいたら、ペーパータオルなどに取って油を切る。

7器に盛り、蜂蜜を細くたらし、結晶塩をふる。

9月15日 夜
今年初の栗ご飯。酒と塩を入れて炊く。春巻きには栗を刻んでパルミジャーノと一緒に。季節柄おいしいかぼちゃやさつまいもなども春巻き向きだと思います。

# ジェノヴァ風ポテトサラダ

材料（1人分）
じゃがいも…1個
いんげん…5本
アンチョビフィレ…1枚
オリーブ油…適量
塩、結晶塩…適量
オレガノ…適量

作り方
1じゃがいもはよく洗い、鍋に入れる。たっぷりかぶる量の水を入れ、塩を加える（ほんのり塩気を感じる程度）。火にかけ、沸騰したら弱火で、じゃがいもに串がスッと通るまで茹でる。
2 1の鍋にじゃがいもを入れたまま、いんげんを加える。歯ごたえがやわらかくなり、甘味が感じられるようになるまで茹でる。
3お皿にじゃがいもをのせ、ナイフで半分に切る。じゃがいもの断面にいんげんをおき、上にアンチョビを重ねる。

4オリーブ油をたっぷりとかけ、結晶塩をふる。オレガノを指でもんで、はらはらとふりかける。

9月19日 夜
友人と一緒にご飯。前菜のジェノヴァ風ポテトサラダ。とてもかんたんなので、オリーブ油や塩など調味料はおいしいものを使ってほしい料理。ナイフとフォークでどうぞ。

10月10日　夜
タイの料理学校へ行ったときに、おまけで教わった料理。レシピのないようなこういう何気ない料理のほうが強く印象に残るものだ。手早くできて、ご飯にもよく合う。

# タイ風卵焼き

材料（2人分）
卵…3個
赤玉ねぎ…1/4個
パクチー…2本
ナンプラー…小さじ1
塩…ふたつまみ
米油…大さじ3

作り方
1赤玉ねぎは薄切りにし、長さを半分に切る。パクチーはざく切りにする。

2ボウルに卵を割り入れ、赤玉ねぎとパクチー、ナンプラー、塩を入れてよく混ぜる。

3フライパンを熱し、米油を入れて鍋肌に回す。

4卵液を一度に加え、薄いヘラを卵液の下に差しこみ、そのまま持ち上げて固まっていない卵液が下に流れこむようにする。

5何箇所か繰り返し、固まってきたら返しやすい大きさに適当に切る。裏返して両面香ばしく焼き、器に盛る。

# 揚げ茄子とがんもどきの梅煮

材料（2人分）
茄子…2本
がんもどき…3個
梅干し…3粒
鰹出汁…400cc
A
薄口醤油…小さじ2
みりん…大さじ1
きび砂糖…小さじ1と½
塩…少々
生姜（すりおろし）…少々

作り方
1茄子は皮つきのまま大きめの乱切りにし、180度に温めた揚げ油（分量外）で素揚げする。ペーパータオルに取り、油を切る。
2鍋に出汁と梅干し、がんもどき、Aを入れて火にかける。沸いたら弱火に落とし、10分煮る。
3揚げ茄子を入れて火を止める。粗熱が取れたら器に盛り、すりおろした生姜を添える。

9月9日 夜
毎年梅干しを漬けるので、煮ものにも梅を使う。油ものもさっぱりした味に仕上がるので重宝。ただし、塩加減には注意して。サイドメニューは甘く煮た椎茸入りの茶碗蒸しでした。

# 唐揚げは塩で

日本三大揚げもののひとつに数えられるであろう唐揚げ。試しに試して、やはりシンプルな味つけこそいちばんという結論にたどりつきました。醤油は入れない、塩、胡椒、にんにく、生姜だけ。

そして衣には片栗粉を混ぜて、サクッと軽い歯ごたえを残したい。下味をつけたら、あまり漬けこまないで揚げたほうが、鶏肉自体の味がはっきりとして、また水分も抜けないのでおいしい。

そのために、鶏肉はまず塩水で洗ってぬめりや余分な脂肪を手で取り除きます。時間のないときには省いてもいいですが、ぜひ一度このやり方で作ってみてください。味の輪郭がぐんとクリアになり、ひとつ先のおいしさにきっと驚くと思います。

10月19日 夜

年中食べている塩唐揚げ。最低限の調味しかしていないので、飽きることがない。作りおきはせず、その都度揚げても苦にならないシンプルな作り方も自慢のレシピ。

## 塩唐揚げ ㋝

材料（2人分）

鶏もも肉…400g
塩…4g（鶏肉重量の1%）
にんにく（すりおろし）…小さじ1/2
生姜（すりおろし）…小さじ山盛り1/2
胡椒…適量
薄力粉…15g
片栗粉…15g
揚げ油…適量

作り方

1 鶏もも肉は濃いめの塩水を張ったボウルの中でていねいに洗い、ぬめりや余分な脂肪を取り除く。水分を拭き取り、大きめのひと口大に切る。
2 鶏肉をポリ袋に入れ、にんにく、生姜、塩、胡椒を加え、よくもみこむ。
3 薄力粉と片栗粉を混ぜ、2に加えて鶏肉にまぶす。
4 揚げ油を170度に温め、鶏肉を入れる。からりと揚がったら、油を切る。

# 魚はすみずみ食べ尽くす

もう今日はなにもしたくない、というときのお助け食材は魚です。魚は焼くだけでメインのおかずになる、実はとても気楽な食材。

私はめんどくさがり屋なので、魚は魚屋さんに処理してもらい、買って帰ります。そうすれば、あとはシンプルに煮るなり焼くなりすればいい。

もし魚のアラがついてくれば儲けもの。新鮮なうちに茹でてしまえばおいしいスープが作れます。肉よりも、魚のスープは短時間でおいしさがでるので、汁ものが欲しいときに助かります。アラは新鮮であれば、鯖や鯵などの青魚でも力強くおいしいスープになります。水と酒だけで茹でれば、お吸いものとして頂くこともできます。

## アラも切り身もそれぞれにおいしい食べ方があります

## 火加減にはご注意！

魚料理で注意したいのは火加減。焼き魚の場合は最初にやや強火で焼き目をつけたら、あとは中弱火で中に火を通すイメージ。いつも真剣勝負。

## 甘鯛のムニエル

材料（1人分）
甘鯛（切り身）…半身
薄力粉…適量
塩、胡椒…適量
結晶塩…適量
無塩バター…10g

作り方
1甘鯛は骨をすべて取り除き、両面に塩、胡椒し、薄力粉を薄くまぶす。

2フライパンにバターを入れて火にかけ、バターが泡立ってきたら、魚を皮目から入れる。

3中弱火で触らずに焼き、フライパンからかんたんにはがれるくらいまで焼けたら裏返し、同様に焼く。

4お皿に盛りつけ、結晶塩をふる。

茶濾しを使うと、薄力粉がうっすらきれいにまぶせます。

アラ→スープに

## 魚のアラのズッパ

材料（2人分）
甘鯛のアラ…1匹分
ハーブ（イタリアンパセリ、セージ、バジリコなど）
…適量
玉ねぎ…1/4個
にんにく…1片
プチトマト…3個
粒胡椒…小さじ1/2
水…600cc

作り方
1鍋にアラ以外の材料をすべて入れ、火にかける。

2沸騰したらアラを入れ、水面が穏やかに波打つくらいの火加減で15分煮る。

3味見をし、出汁がしっかりでていたら火を止め、ザルで濾す。アラを取り出し、骨についている身を取り外す。

4濾したスープを鍋に戻し、取り外した身も加える。

5火にかけて温め、塩（分量外）で味を調える。器に盛り、刻んだイタリアンパセリを散らし、オリーブ油（分量外）を回しかける。

料理中、美しい色彩に出合うとはっとする。うれしい瞬間。

# 切り身→パスタソースに

## 甘鯛のパスタソース

材料（2人分）
甘鯛（切り身）…半身
ドライトマト…2枚
ケッパー（塩漬け）…小さじ1
にんにく…1片
松の実…小さじ2
イタリアンパセリ…適量
白ワイン…20cc
塩…適量
オリーブ油…適量

作り方
1ドライトマトはぬるま湯に1時間ほどつけて戻し、刻む。ケッパーは表面の塩を洗い流す。にんにくは芽を取って潰す。松の実は乾煎りしておく。

魚が白くなったら、木べらで身をほぐしていく。

2フライパンにオリーブ油、にんにくを入れて弱火にかける。にんにくの香りが立ってきたら甘鯛、ドライトマト、ケッパーを加えて炒める。

3木べらで魚の身をほぐすように火を入れていく。身がバラバラになったら、白ワインとドライトマトの戻し汁を加え、煮立てる。

4パスタを茹で上げたら（P.40）、3のソースの鍋に入れ、オリーブ油をひと回しして絡める（水分が少ないようなら、パスタの茹で汁を加える）。

5器に盛り、刻んだイタリアンパセリと松の実をのせる。

# 秋の食卓　その2

三食自炊がすっかり定着した昨今。以前は外でご飯を食べることも多かったはずなのに、意外と平気なのは家のご飯がおいしいからかも（自画自賛）。定食スタイルは、食べすぎることもなく、体調管理にはいいかもしれません。

でもこうして見渡してみると、豚肉好きだなあ。あと、福岡へ来てから魚を食べることも増えたような気がします。おいしい食材のある街でよかった。

10月17日　夜
塩唐揚げ
小松菜のサラダ

小松菜をサラダにすると驚かれるけれど、実は生でもおいしいんです。ご飯に合わせるときのドレッシングは醤油と米酢と菜種油。ごまを散らしてもいい。

10月20日　夜
キムチとじゃがいものおやき
マッシュルームと舞茸の味噌汁

すりおろしたじゃがいもと刻んだキムチ、片栗粉を混ぜ、油をひいたフライパンで焼く。味はおいしいけど、うまくひっくり返せなかった。テフロン製を買うべきか？

10月23日　昼
ごぼうと豚肉の豆板醤炒め
茄子とさつま揚げの味噌汁

ごぼうは意外と冷蔵庫に眠らせがち。味がのりにくい野菜なので片栗粉をまぶして炒めものに。味噌汁にはさつま揚げを。練りものなので、出汁がプラスされて美味。

10月28日 昼
塩豚バラのサムギョプサル風

塩豚バラのアレンジ（P.100）。スライスしたらフライパンで焼いて、ぬか漬けとともにえごまの葉で巻いて食べるサムギョプサル風。ようはキムチがなかったのである。

10月28日 夜
焼鮭
アボカドのサラダ

アボカドは食べやすく切り、薄切りにした赤玉ねぎ、ゆず胡椒、レモン汁、オリーブ油で和え、パクチーを刻んでのせる。まったりした味の中にもピリッとした風味で相性抜群。

10月29日 夜
茄子と里芋の
ジャスミンティー蒸し

昼に飲んだジャスミンティーの茶葉を食べてみたら、やわらかくておいしい上に香りもあるので、茄子にのせて一緒に蒸す。オリーブ油と塩をかけると茄子の甘さが際立った。

10月30日 昼
昨日の残りと甘鯛
塩じゃばら

昨日の蒸し茄子に醤油をかけてみるが、ジャスミンの香りを邪魔するので醤油は合わない。ジャスミン抜きで作ればごま油と醤油でおいしいはず。甘鯛は焼くだけでごちそう。

10月31日 昼
豚肉と紫大根の煮もの

豚肉と紫大根を昆布出汁でやわらかく煮たら塩、醤油で味を調える。練り辛子を添えると、おでんぽさを感じてとてもおいしい。温かい食べものに惹かれる季節になってきた。

11月4日 昼
焼鮭
蒸し茄子に塩

今の家には魚焼きグリルがあるので、せっせと焼き魚を食べるようになった（前は煮魚一辺倒）。蒸し茄子は蒸籠で。湯気のある光景はなんだか幸せなものです。

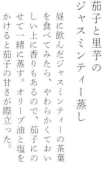

11月10日　昼
れんこんと豚肩ロースの塩炒め、生卵

れんこんは煮るより炒めた（焼いた）ほうが好きな食感。じりじりと焼くのがいい。生卵は醤油を入れてご飯にかけるのではなく、ひと口含んではご飯を食べる方式。変です？

11月11日　昼
辛子明太子
椎茸、大根、豆腐の味噌汁

冷蔵庫になにもないときのお助け、辛子明太子。お気に入りは、ふくやの切り落とし。昔ながらのしっかりした味つけにご飯がすすみます。あとは味噌汁があればじゅうぶん。

11月14日　昼
ミネストローネ

近所のスーパーでカーボロネロ（黒キャベツ）が売られていて驚く。糸島が近いので、突然普通のスーパーに珍しい洋野菜が並ぶことも。糸島の生産者さん、応援してます。

11月15日　夜
大根と豚肉の韓国風煮こみ
コッチョリ（浅漬け）キムチ

大根と豚肉はどうしてこんなに相性がいいのだろうか。具材を韓国唐辛子、にんにく、醤油、生姜すりおろしとえごま油で絡めて炒め、水を加えてしっかり煮こむ。うま〜。

11月16日　夜
甘鯛のムニエル、焼きトマト

ムニエルは、フライパンにバターとセージ、潰したにんにくを入れてソテー。トマトの輪切りも両面焼いて添える。トマトの酸味がとてもいい調味料になります。

11月19日　夜
焼鮭
大根と下仁田ねぎの梅煮

出汁と梅干しで大根とねぎを煮るだけなのに滋味深い味。薄味の煮ものを作るとき、アクセントが欲しいと思ったらすぐ梅干しをポン。いろんな料理に使える技（？）です。

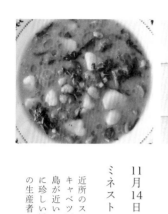

### 11月21日　夜
## 鯵フライ

パン粉もついて、揚げるだけの状態で売られている鯵フライは便利でついつい買ってしまう。タルタルは自家製マヨネーズに玉ねぎとケッパーのみじん切り、青ねぎを混ぜる。

### 11月22日　夜
## 茄子とかぼちゃ、牛ひき肉の甘辛煮

今月の教室で中途半端にかぼちゃや茄子が残るので、牛ひき肉、生姜とともに甘辛く煮る。またしても仕上げに韓国唐辛子の粗びきを入れる。クセになる、程よい辛さです。

### 11月23日　昼
## 豆腐とキムチの蒸しもの

キムチが酸っぱくなっていたので、器に豆腐を入れて周りにキムチをおき、器ごと蒸籠に。初めはキムチ、豆腐、卵でスンドゥブっぽくと思ったけどなんとなくこんなふうに。

### 11月23日　夜
## 小松菜とマッシュルームのオイスターソース炒め

炒めもののコツは素材の火の通り具合をコントロールすること。この場合はマッシュルームを先に炒め、小松菜は後から加えてしゃきっとした歯ごたえを残す。

### 11月28日　昼
## 椎茸のパスタ

和洋中とどんな料理でも活躍する椎茸は冷蔵庫の常連。イタリアンでもよく使う素材で、今日はパスタソースに（P. 42）。旨味たっぷりで食べ飽きません。

### 11月29日　夜
## きのこ炒めに卵のせ

昨日のパスタソースの残りを温め直し、上にふんわりと焼いたシンプルな卵焼きをのせるだけ。パスタソースはアレンジが効くので多めに作っておくと便利です。

ある日の献立より

## パプリカうどん ㊙

材料（1人分）
パプリカ…1個
うどん…1玉
梅干し…1個
生姜（すりおろし）…適量
細ねぎ、白ごま…適量
めんつゆ…適量

作り方
1パプリカは250度に予熱したオーブンに入れ、皮が浮いてきて焦げ色がつくまで焼く（だいたい20分程度）。ホイルに包んでオーブントースターで蒸し焼き（25分程度）にして取り出し、焼き網にのせ、全面が焦げるくらい焼いてもいい。

2ボウルに取り、蓋をしてしばらくおき、触れるくらいまで冷めたら皮をむき、種を取り除く。パプリカからでる、おいしい水分は捨てずに取っておく。

32をうどんと同じくらいの細さに手で裂く。

4うどんを茹で、ザルに取って流水ですすぎ、氷水に放ち、冷やしておく。

5冷やしておいた器に水気を切ったうどんを入れ、パプリカ（と水分）、梅干し、生姜をのせ、めんつゆを回しかける。ねぎと白ごまをふる。

9月7日 夜
パプリカは焼き方次第で旨味たっぷりのとろとろ食材になります。じっくり焼いたパプリカとめんつゆと生姜だけでもおいしい。好みでごまや大葉をのせてどうぞ。

10月12日　夜

今日はニラでチヂミを作ったが、パクチーでも春菊でもセロリの葉でもおいしい。かき揚げのようなイメージでカリッとした仕上がりにするには、片栗粉を少量加えるのがコツ。

## セロリのチヂミ (せ)

材料（2人分）

セロリの葉…3本分
薄力粉…50g
片栗粉…5g
塩…ひとつまみ
水…80cc程度
サラダ油、ごま油…適量
ポン酢、蜂蜜…適量

作り方

1薄力粉と片栗粉、塩をボウルに入れ、水を注いで溶く。

2ざく切りにしたセロリの葉を入れてよく絡ませる。

3フライパンにサラダ油を多めに温め、2を入れる。ヘラで平らになるよう、ぎゅっと全体を押しつけ、中弱火で焼く。

4香ばしく焼けたら裏返し、同様にヘラで押さえ、チヂミの縁にごま油を細く一周注ぐ。カリッと焼けたらまな板に取り出し、食べやすく切り分ける。

5ポン酢にほんの少し蜂蜜（砂糖でも）をたらし、たれにする。

# 生姜焼きのベストフレンド

ほとんどの人は、豚の生姜焼きの隣にあるものはキャベツのせん切りを思い浮かべると思います。いやいや、その固定観念、覆しましょう。これからはぜひトマトのスライスを添えてみてください。醤油と砂糖の甘辛い味に、トマトの酸味とみずみずしさがすごく合うんです。以前から、キャベツのせん切りって生姜焼きのベストフレンドではないなと思っていたので、すっきり晴れ晴れとした気分です。

豚肉はこまぎれではなく、少し厚みのあるタイプがよく合います。できれば鉄のフライパンで表面を香ばしく焼き上げて、たれを後から絡めてさっと仕上げます。唐揚げ同様、漬けこまず、あくまでも肉とたれは独立した味わいで楽しむイメージで作りましょう。

11月11日 夜

生姜焼きにトマトを合わせると、みずみずしく、酸味も加わるのでどんどん食べてしまうおいしさ。生姜焼きは豚肉に薄力粉をまとわせてカリッと焼いてから、たれを絡めます。

## 豚の生姜焼き

材料(1人分)

- 生姜焼き用豚スライス…4枚
- A
  - 酒…小さじ2
  - 醤油…小さじ2
  - みりん…小さじ2
  - 生姜(すりおろし)…小さじ2
  - きび砂糖…小さじ1/2
- 塩、胡椒…少々
- 薄力粉…少々
- 米油…適量
- トマト…1個

作り方

1 トマトはヘタを取り、薄めの輪切りにする。

2 豚肉の両面に塩、胡椒をふり、薄力粉を薄くはたく。Aを混ぜ合わせておく。

3 フライパンに米油を温め、煙が立ったら豚肉を入れる。

4 触らずにじりじりと焼きつけ、おいしそうな色がついたら裏返し、ひと呼吸おいてAを加える。

5 沸騰して煮詰まったら、肉に絡めるようにする。

6 トマトスライスを皿に並べ、生姜焼きをのせる。

# 塩豚バラの使い方

蒸し鶏と並んで、日々の食卓で活躍してくれるのがこの塩豚バラ。コツは肉に対しての塩分量をきっちり量って作ること。3日後くらいからがおいしい。季節の野菜と炒め合わせるだけで主菜が仕上がる、とても頼もしい食材です。

## 塩豚バラの仕こみ

材料

豚バラ肉ブロック
塩…豚肉の重さの2%分

1 豚肉の重さを量って、その2%の塩を用意し、肉全面にすりこむ。

2 ていねいに、繊維の奥深くにもしっかり塩をすりこむ。

3 まずペーパータオルで包み、さらにラップでぴっちりと包む。

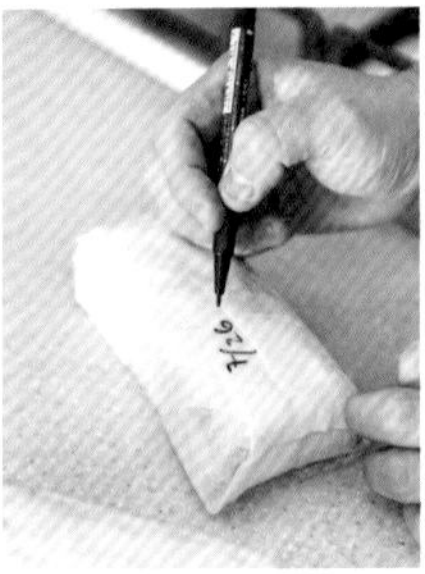

4 日付を書いて冷蔵庫で保存する（10日ほど保存可能。それ以上は冷凍する）。

# 塩豚バラとちぎりピーマンの炒めもの

材料（1人分）
塩豚バラ…100g
ピーマン…5個
菜種油…小さじ1

作り方
1塩豚バラは5㎜厚さにスライスし、さらに半分に切る。ピーマンはヘタと種を取り、食べやすい大きさに手でちぎる。
2フライパンに菜種油を入れ、肉を重ならないように並べる。中弱火にかけて、触らずにじりじりと肉を焼く。香ばしく、おいしそうな色がついたら裏返す。
3裏面も同様に焼きつけ、ピーマンを加える。ピーマンにさっと火が入ったら器に盛る。

ピーマンと合わせるときは
少し肉厚に切るとおいしい。

## 茹でる

### ポッサム

材料（2人分）
塩豚バラ…250g
にんにく…1片
水…600cc
キムチ…適量
えごまの葉…適量
ごま油…適量

作り方
1鍋に塩豚バラ、にんにく、水を入れて火にかける。沸騰したら蓋をして弱火にし、1時間以上茹でる。肉に串がスッと通るようになったら火を止め、そのまま冷ます。
2塩豚バラを取り出し、5㎜厚さに切る。キムチ、えごまの葉と合わせて盛り合わせ、ごま油を添える。
3えごまの葉に塩豚バラとキムチをのせ、ごま油をたらして食べる。

### 茹で汁でアジア風スープ

材料（2人分）
塩豚の茹で汁…450cc
水…150cc
長ねぎ…20㎝
トマト…1個
卵…1個
ナンプラー…小さじ½
薄口醤油…小さじ½

作り方
1長ねぎは斜め薄切りにする。

2トマトはひと口大に切る。

3茹で汁と水を鍋に入れて沸かし、1、2を加えて10分ほど煮る。

4トマトがふわっとして沸いているところに溶き卵を加え、固まって浮いてきたらかき混ぜる（浮いてくる前に混ぜるとスープが濁る）。ナンプラー、薄口醤油を加えて味を調え、できあがり。

## 塩豚ジェノヴェーゼ

材料（2人分）
塩豚バラ…280g
玉ねぎ…2玉
プチトマト…4個
にんにく…1片
ローリエ…1枚
粒胡椒…小さじ1
塩…適量
オリーブ油…適量

作り方
1 玉ねぎは薄切り、プチトマトは半分に切る。にんにくは芽を取って潰す。
2 鍋にオリーブ油を温め、塩豚バラを入れ、すべての面をこんがりと焼く。豚肉から油が出てくるので、こまめにペーパータオルなどで拭き取る。
3 豚肉を取り出し、玉ねぎ、プチトマト、にんにく、ローリエ、粒胡椒を入れて塩をふる。
4 野菜から水分がでてきたら蓋をして、弱火で蒸らし炒めにする（ときどき蓋を開けてかき混ぜる。水分があまりでないようなら少し水を加えてもいい）。
5 玉ねぎがとろりとしたら、豚肉を戻し入れ、蓋をして弱火で煮こむ。
6 1時間煮こみ（途中、豚肉の向きを変える）、肉がやわらかくなったら塩で味を調える。

# 冬

福岡といえば、もつ鍋や水炊きが有名ですよね。冬になるとやはり恋しくなる、湯気の立ちのぼる鍋料理や蒸しもの、煮こみ料理。友人や家族で集まって、ひとつの食卓を囲み、いい香りと温かな湯気に包まれる。招くのも招かれるのもうれしい、いっそう料理に喜びを感じる季節です。

大阪の人がたこ焼きを家で焼くように、福岡の人はもつ鍋を家で作ります。おいしいお店を聞いてもたいてい「家で作るからわからない」。こういう、だれかの家で食べる味こそが本物という感覚は、なんだかイタリア料理と同じものを感じます。ずっと変わらず家庭で作り続けられてきた味。それはどんなにシンプルでも、その人なりのコツがあり、食べると魂に触れたような温かな気持ちになります。

百合根、絹さや、
油揚げの味噌汁

# 冬の食卓　その1

イベント目白押しの12月ですが、今年（2020年）はコロナ禍ということもあって、家に友人を呼んで過ごす機会が多かった。そういうときは教室で作るようなもてなし料理を用意します。

うれしかったのは、念願のもつ鍋を友人が作ってくれたこと。地元の人はホルモンが新鮮で安いのでもっぱら自宅で食べるのだそうです。ようやく少し福岡の人間に近づいてきたかも？

12月1日　夜
高菜しゃぶしゃぶ

よく発酵した高菜を刻んで鍋に入れ、昆布といりこの出汁、酒、にんにくと生姜、ちぎった鷹の爪、花山椒を加えて弱火で煮こむ。ごま油と塩だけで永遠に食べられるおいしさ。

12月5日　昼
豚肉、小松菜、玉ねぎの生姜炒め

最後に生姜のすりおろしを入れる炒めもの（P.112）はよく作る料理のうちのひとつ。さっぱり食べられてご飯がすすむ味。鶏肉にも合うし、たいていの野菜と相性がいい。

12月5日　夜
豚汁
大根の醤油漬け

具だくさんの豚汁があるととても安心感がある。作りおきはほとんどしないが、豚汁だけは多めに作って翌日も食べたいから、その作り方も工夫しています（P.80）。

**12月6日 夜**

**カリフラワーの蒸しもの**

友人が出張帰りに寄るとのことで、うちで晩ご飯。冷蔵庫に残っていた大きなカリフラワーを蒸して、バターと塩じゃばら、自家製マヨネーズで和える。ほろほろ具合が美味！

**12月14日 夜**

**トマト卵丼**

**百合根と絹さや、油揚げの味噌汁**

トマトと卵を炒め、片栗粉を少し入れてまとめるとおいしいと本で読んだのでやってみた。百合根と絹さやの味噌汁は大好物の組み合わせ。きれいだし、おいしい。

**12月16日 昼**

**「うす家」の冷凍カレーうどん**

東京にいるときにたまに買っていたうす家の冷凍うどんを発見。なぜかカレーうどん限定で食べたくなる。忙しいときは本当に助かります。かつお菜と油揚げを足して。

**12月16日 夜**

**焼鮭**

**あさりの味噌汁**

あさりの味噌汁は、以前はあさりの出汁だけでじゅうぶんと思っていたが、一度いつもの出汁で作ってみたらめちゃくちゃおいしくなったので、それ以来、出汁で作るようになった。

**12月17日 昼**

**教室の残りもの**

ホルモンとカリフラワーを煮こんだ料理を教室で作ったので、その残りに折ったパスタ、プチトマトを入れてミネストラ（スープ）を作る。福岡はホルモンが新鮮でうれしい。

**12月23日 夜**

**もつ鍋**

友人がもつ鍋を作ってくれる。大阪のたこ焼きのように、福岡の人は家でもつ鍋を食べるので外では食べないらしい。私も初めての本場の味、野菜もたっぷりでおいしかった！

12月24日 昼
太刀魚の塩焼き
茹でほうれんそう

〝日本ほうれんそう〟というものを発見し、ふだん食べているのがまさかの西洋種だったことを知る。背丈も小さく、根っこの赤みが強く、葉もギザギザ。味が濃くてとてもおいしい。

12月24日 夜
がんもどきとキャベツの味噌煮こみ、卵豆腐

もつ鍋からヒントを得て、味噌と醤油ベースのスープでがんもどきとキャベツを煮る。仕上げに黒七味をかけて。卵豆腐は、半熟の茹で卵と温めた豆腐を盛り合わせ、塩で食べる。

12月25日 夜
カルボナーラ
クリームシチュー

カルボナーラは卵とチーズ、バターだけのソースで。クリームシチューは仕上げにナツメグをすりおろす。デザートにバナナスフレを焼く。

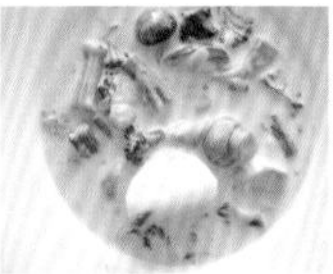

12月26日 夜
揚げごぼうと豚肉の豆板醤ソース和え

撮影用に試作する。ごぼうは味が絡みにくい素材なので、しっかりとした味のソースで和えて食べるとおいしい。揚げると味わいは濃くなり、甘味もでてくる。

12月30日 昼
炙り板わかめ

山陰の誇る板わかめが、実家から送られてきた。フライパンで乾煎りし、醤油をかけるとたまらないご飯のおかずになる。くだいておむすびにまぶしても絶品なのです。

12月31日 夜
鶏つみれ鍋

ふわふわの鶏つみれとしらたき、長ねぎ、椎茸で鍋にする。うん、やっぱり花山椒がつみれのうまさの決めてです。出汁は昆布だけ。ポン酢で食べました。

### 1月1日 朝
### 雑煮

新年おめでとう。実家の雑煮はシンプルで、鰹出汁にかまぼこ、百合根、三つ葉、鶏肉に茹でた丸餅。そこにもちのりという山陰で採れる香りのいいコリコリとした海苔を入れる。

### 1月1日 昼
### 鶏つみれ鍋の残り かぶの葉の浅漬け

鶏のつみれの残りを、白菜、ねぎ、干し椎茸で煮たものでさっぱりとした食事に。浅漬けは、かぶの葉を刻んで塩もみし、細切りにした昆布と和えたもの。こちらもさっぱり味。

### 1月2日 昼
### 馬刺しのたたき

馬刺しの残りをたたきにして、ごま油、にんにくのすりおろし、塩で食べる。馬刺しも福岡に来てからなじみができた味。味噌汁の具は、アスパラ菜、椎茸、豆腐。

### 1月5日 昼
### 里芋、小松菜、卵の雑炊

雑炊は炊いたご飯ではなく、生米をたっぷりのお湯で10分ほど茹でてからザルに取って流水で洗ったものを使うと、さらっとした食感に。鍋の締めに雑炊を作るときも同様です。

### 1月6日 夜
### 牛肉、しらたき、玉ねぎの甘辛煮

毎食、ご飯がすすむおかずを必ず一品用意する。今日は王道の甘辛煮。味噌汁に入れた南関揚げは熊本の名産品で、もちもちした食感が美味。これも福岡に来てから出合った味。

### 1月7日 朝
### 七草雑煮

お餅がまだあるのでお粥ではなく雑煮に。いつも親戚が集まって餅つきしたものを送ってもらっていたが、今年はコロナ禍でそれもなし。来年は故郷のお餅を食べたいものだ。

ある日の献立より

2月22日 昼

コールスローにぬか漬けを混ぜるとおいしいことが判明。マヨネーズもぬか漬けも自家製で最高のおいしさ。市販品でチャレンジしてみる価値はあると思います。

## おいしいコロッケは香りが大切

お皿に山盛りにして食卓に運ぶと歓声の上がる料理といえば、じゃがいものコロッケ。なんでも人に招かれてごちそうされる料理でうれしいものNo.1なんだとか。

材料に難しいものは入っていませんが、手間はそれなりにかかりますよね。じゃがいもを茹でたり蒸したりして潰し、別で炒めたひき肉を混ぜ、成形して衣をつけて油で揚げる。こう書いてみると、様々な調理法を組み合わせて作る、手のこんだ料理ということがわかります。

それでもやっぱり作りたくなるのは、揚げたてのコロッケのおいしさを知っているから。じゃがいもと玉ねぎは安いものですから、牛肉は質のいいものを選びましょう。食べたときの香りが全然違いますよ。

## コロッケ

材料(8個分)
じゃがいも…400g
牛ひき肉
…80g(じゃがいもの20%量)
玉ねぎ…1/2個
ナツメグ(すりおろし)…小さじ1/2
薄力粉…適量
卵…2個
パン粉…適量
塩、胡椒…適量
揚げ油…適量

作り方
1じゃがいもは皮をむいて、蒸気の上がった蒸し器で串がスッと通るまで蒸す。玉ねぎは1cm角に切る。

2フライパンにオリーブ油(分量外)を温め、玉ねぎを入れて炒める。透明感がでてきたら、ひき肉を入れて塩をふって炒める。肉汁が透明になったら、塩、胡椒で味を調える(しっかりめの味にする)。

3じゃがいもをボウルに取り、マッシャーで潰す。炒めたひき肉と玉ねぎ、ナツメグのすりおろしを加え、混ぜ合わせる。

4好きな形に成形して、薄力粉を全体に薄くまぶす。卵液をくぐらせて、パン粉をつける。

5180度に温めた揚げ油で、こんがりと揚げる。

ひき肉を炒めるときにしっかり味つけをしておくと味がボケない。

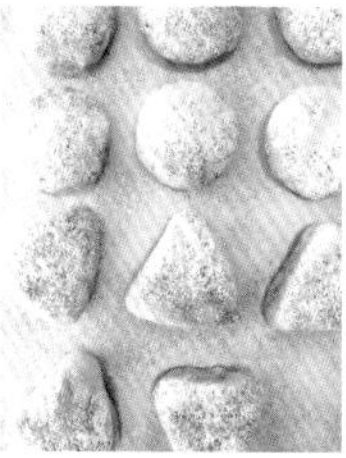

丸、三角、四角とつい遊び心で、作ってみました。意外と四角が難しい!

## ぬか漬け入りコールスロー

材料
キャベツ…適量
ぬか漬け(P.58参照)…適量
マヨネーズ(P.28参照)…適量

作り方
1キャベツは5㎜幅のせん切りにしてボウルに入れ、塩(分量外)をふってもみ、水分がでたら搾る。
2にんじん、きゅうりなどのぬか漬けをせん切りにして、キャベツと合わせる。
3マヨネーズで和える。

12月13日 昼

生姜炒めは、豚の生姜焼きをもっとあっさりさせたような味になって、すっきりおいしい。今日は豚肉と茎ブロッコリーを生姜炒めにしてみた。味噌汁は大根とそら豆。

## 豚と小松菜の生姜炒め

材料(1人分)
豚こま肉…70g
小松菜…170g
酒…小さじ1
生姜(すりおろし)…小さじ1
塩…適量
胡椒…適量
菜種油…適量

作り方
1豚こま肉をひと口大に切り、酒、塩ひとつまみ、胡椒をもみこんで下味をつける。小松菜は5㎝幅くらいに切り、ボウルに入れてサラダを作るときのかんじに塩をふり、和えておく。

2フライパンに菜種油を温め、豚肉を入れ、八割がた色が変わったら小松菜を入れる。

3小松菜の色が鮮やかになったら生姜のすりおろしを加えて混ぜ、塩で味を調える。

4器に盛り、胡椒をひく。

# ヤリイカのわた炒め

材料（2人分）
ヤリイカ…2はい
にんにく…1/2片
オレガノ…少々
赤玉ねぎ…1/2個
ケッパー…10粒
イタリアンパセリ…適量
レモン…1/4個
赤ワインビネガー…小さじ1
オリーブ油…適量
塩…適量
胡椒…適量
結晶塩…適量

作り方
1ヤリイカはわたを外して軟骨を抜き、胴は輪切りにする。げその部分はくちばしと目を取り、食べやすく切り分ける。わたは墨を取り除く。にんにくは芽を取って包丁の腹で潰す。
2赤玉ねぎは薄切りにし、塩をふってもむ。水分がでてしんなりとしたら、水気を搾り、ボウルに入れる。
3 2のボウルに刻んだケッパー、イタリアンパセリを合わせ、レモンを搾り、赤ワインビネガーを加えて混ぜる。オリーブ油、塩、胡椒で味を調える。
4フライパンにオリーブ油、にんにくを入れて弱火にかけ、香りを出す。

5火を強めてヤリイカとわたを入れ、塩をふってさっと炒める。

6器に盛り、上に赤玉ねぎのマリネをのせる。オレガノをもんでふりかけ、結晶塩をふる。

12月13日 昼
ヤリイカのわた炒めをイタリアン風に。赤玉ねぎのマリネを合わせると、濃厚なわたも、どこかさっぱりと食べられる。新鮮なイカが手に入ったら作りたいひと品。

## 牡蠣料理、2品

12月10日 夜

大量の生牡蠣が届く。インスタグラムでよく見かける「かつれつ四谷たけだ」という店の牡蠣のバター焼きを（食べたことがないけど）再現してみる。いい線いってると思います！

### 牡蠣のバター焼き

材料（2人分）
牡蠣…10粒
片栗粉…大さじ1
薄力粉…適量
無塩バター…20g
醤油…小さじ2
酒…小さじ2
みりん…小さじ2
イタリアンパセリ…少々
塩、胡椒…少々

下ごしらえ
牡蠣はボウルに入れ、片栗粉と塩をふって水少々を加え、指1本でぐるぐるとかき混ぜる。水分がグレーのドロドロになったら、別のボウルに張った水で一粒ずつふり洗いし、ザルにあげておく。

作り方
1牡蠣の水分をペーパータオルで拭き取り、塩、胡椒を両面にふって薄力粉を薄く両面にまぶす。

2フライパンにバターを入れて火にかけ、バターが溶けたら牡蠣を入れ、中火で焼く。片面がこんがりと焼けたら裏返し、両面ともカリッと焼く。

3牡蠣をいったん取り出し、フライパンに醤油、酒、みりんを入れて沸騰させる。とろりとしたら火を止め、牡蠣を戻し入れて絡める。

4器に盛り、刻んだイタリアンパセリを散らす。

# 牡蠣と豆腐の蒸しもの、ヤンニョムソース

材料（4人分）
牡蠣…16粒
豆腐…1/2丁

［ヤンニョムソース］
醤油…大さじ1
きび砂糖…小さじ1
韓国唐辛子…小さじ1
にんにく（すりおろし）…小指の爪先程度
生姜（すりおろし）…小さじ1
長ねぎ（みじん切り）…小さじ1
白ごま…小さじ1

作り方
1牡蠣の下ごしらえは前ページと同じ。豆腐は4等分する。
2器に豆腐と牡蠣を入れ、蒸気の上がった蒸し器で15分蒸す。
3ヤンニョムソースの材料をよく混ぜ合わせ、2にかける。

蒸したては豆腐がふわっとして美しい。湯豆腐より濃い味。

12月11日 昼
昨日にひき続き、牡蠣料理の試作。温かいものが食べたくなったので、牡蠣を豆腐と一緒に蒸す。たれは韓国風のヤンニョムソース。とても繊細で滋味深い味になった。

# パエリアは気軽に

パエリアを作ったことはありますか？　我々にとって身近なお米を使うスペイン料理ですが、なぜかハードルが高いと思われがち。その高いハードルの原因は魚や肉でおいしいスープを取らなければいけないと考えているからかもしれません。

　実はそんなにがんばらなくても、いつもの味噌汁に使っている昆布といりこの出汁で作れます。サフランの香りと色、イタリアンパセリとレモンの風味で、身近にある食材が突然スペインの色に染まるんです。また、お米を鍋で炊いたことがあるなら、そう難しいことではないはず。キーとなる食材さえ押さえておけば、具材の組み合わせを変えても、きちんとパエリアになります。

12月15日　夜

このパエリアは、昆布といりこの出汁で作れるので覚えておくと便利な料理です。使うのはだいたいタークの直径23センチのフライパン。本格的に見えるので場も盛り上がります。

## 鶏とじゃこのパエリア ㊝

材料（23㎝フライパン一台分）
米（洗わない）…1合
鶏もも肉…100g
じゃこ…10g
玉ねぎ…½個
パプリカ…½個
プチトマト…4個
昆布といりこの出汁（P.13）…140cc
サフラン…ひとつまみ（20ccのぬるま湯で戻す）
イタリアンパセリ…適量
オリーブ油…適量
レモン…適量
結晶塩…適量
塩…適量
パプリカパウダー（あれば）…適量

作り方
1 鶏もも肉はひと口大に切る。玉ねぎとパプリカは薄切り、プチトマトは半分に切る。
2 フライパンにオリーブ油を温め、玉ねぎとパプリカ、プチトマト、塩を入れて炒める。全体がしんなりとしたら鶏もも肉を加え、表面の色が変わったら米を加え、全体を混ぜる。
3 お米に油が回ったら、サフランと戻し汁、昆布といりこの出汁を注ぐ。
4 具がひたひたになるように木べらで表面をならしたら、じゃこを全体に散らす。
5 沸騰したら蓋をして弱火で12分加熱、その後強火にし、10秒数えたら火を止め、10分蒸らす。
6 蓋を取り、刻んだイタリアンパセリを散らす。結晶塩、パプリカパウダーをふり、レモンを添える。

# スープの組み立て方

写真は2人分

**水分**
水・牛乳・豆乳など

**風味**
ごま油、オリーブ油、にんにく、生姜、ハーブなど

**塩分**
塩・醤油・ナンプラー（魚醤）など

**具**
野菜、魚介、肉など

スープの味の方向性は、風味と塩分をどういうチョイスにするかで決まります。風味は野菜からでる香りや、ハーブ、そして油自体の持つ香り。ごま油を使えば東アジア風の雰囲気になり、オリーブ油を使い、ハーブを香らせれば西洋の雰囲気が漂います。

塩分は塩がいちばんニュートラルなのでどんな方向性にも対応できます。たとえば、醤油やナンプラーを使う場合も、塩と組み合わせて、味と香りのバランスに気をつけるといいでしょう。

水分は、よく味のでる具材を入れるのであれば水でじゅうぶん。まろやかにしたければ牛乳や豆乳を。コクを補うには、にんにくやアミの塩辛が便利です。仕上げにチーズやバターなどの乳製品を加えるのもおすすめです。

## スープ①

### 豚肉と青菜のスープ

材料（1人分）
豚ひき肉…50g
小松菜…適量
パクチー…適量
生姜…½片
にんにく…½片
菜種油…小さじ1
水…200cc
ナンプラー…小さじ½
塩…少々

作り方
1小松菜は3cm幅のざく切りにし、盛りつける器に入れておく。

2生姜、にんにく、パクチーの根っこはみじん切りにする。

3鍋に菜種油、生姜、にんにく、パクチーの根を入れて弱火にかける。香りが立ってきたらひき肉を入れ、塩をひとつまみ加えて炒める。

4肉汁が透明になったら水を注ぎ、沸騰したら弱火に落とし、5分ほど煮る。

5ナンプラー、塩で味を調え、器に注ぎ入れる。パクチーをのせる。

# 大根とアミのスープ

材料（1人分）
大根…1㎝分
ニラ…適量
アミの塩辛…小さじ1
昆布といりこの出汁（P.13）…300cc
塩…適量
薄口醤油…小さじ½
ごま油…適量

作り方
1大根は皮をむいていちょう切りにする。ニラは根元から5㎝ほどはみじん切りにし、残りの上部は1㎝幅に刻む。

2鍋に出汁、アミの塩辛、大根、ニラの根元を入れて火にかける。沸騰したら弱火にし、大根に透明感がでるまで煮る。

3薄口醤油を加え、塩で味を調える。

4器にニラの上部を入れ、そこに熱々のスープを注ぐ。仕上げにごま油をたらす。

キムチ作りなどでよく使うアミの塩辛。スープに使うと旨味たっぷり。

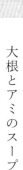

# スープ③

## かぼちゃのクレーマ

材料（1人分）
かぼちゃ…100g
赤玉ねぎ…1/4個
シナモンスティック…1/2本
無塩バター…10g
水…大さじ2〜3
牛乳…120cc
塩…適量

作り方
1かぼちゃは種と皮を取り、薄切りにする。赤玉ねぎも薄切りにする。

2鍋にシナモンとバターを入れて弱火にかけ、バターを溶かす。赤玉ねぎを入れ、塩をして炒める。水分がでてきたら蓋をし、ごく弱火で蒸らし炒めにする。

3玉ねぎがとろりとしたら、かぼちゃを入れる。水を加え、蓋をして弱火で蒸らし炒める。

4かぼちゃがかんたんに潰せるくらいやわらかくなったら火を止め、シナモンを取り出す。

5牛乳を加え、ハンディブレンダーでなめらかにし、塩で味を調える。

6器に注ぎ、アグロドルチェをのせる。

### トッピングのアグロドルチェ

材料
赤玉ねぎ…1/2個
レーズン…10粒
松の実…小さじ2
赤ワインビネガー…小さじ1
きび砂糖…小さじ1
オリーブ油…小さじ1
塩…適量

作り方
1赤玉ねぎは薄切りにする。松の実は炒っておく。
2フライパンにオリーブ油、赤玉ねぎ、塩を入れて炒める。
3玉ねぎがしんなりしてきたらレーズンと松の実を加え、赤ワインビネガー、きび砂糖を入れて全体になじませる。塩で味を調える。

## 冬の食卓　その2

九州といえど、福岡の冬は寒い。でも冬だからこそおいしいものもたくさんあります。なかでも子持ちカレイの煮つけは大好物で家でもよく作ります。煮汁の割合は、切り身2枚に対して、水100cc、酒60cc、みりん40cc、醤油40cc、黒酢20cc、蜂蜜大さじ1/2。生姜スライス4枚を加えて、煮汁を沸騰させてからカレイを投入します。煮汁を卵に火が入りづらいので、子持ちの場合はよく煮るようにしましょう。

1月8日　昼
豚の黒酢煮
紅菜苔のオイル蒸し

豚肉は黒酢と醤油でさっぱり煮にする。紅菜苔は中国原産のアブラナの仲間でスーパーの産直コーナーで見つけて以来のお気に入り。本日は塩とオリーブ油で蒸し煮。

1月10日　昼
レンズ豆の煮こみ

みじん切りのにんじん、玉ねぎ、セロリをオリーブ油で炒め、塩。洗ったレンズ豆とローリエ、水、トマト缶を加えて沸騰させ、弱火で煮る。塩で味を調え、オリーブ油をたらす。

1月11日　昼
ターサイの塩炒め

ターサイも大好きな野菜。最近読んだ本に、青菜炒めは炒める前に塩をふるといいとあったので、試してみたら正解。ターサイの風味が濃い。いろんな青菜で試してみよう。

## 1月16日 夜
### 買ってきた焼き鳥

福岡に来て驚いたのが、焼き鳥屋さんに行くと皆必ず豚バラを注文すること。豚バラと玉ねぎを交互に刺した塩味の串で、豚肉好きな私としてはうれしい限りなのです。

## 1月17日 昼
### れんこんと塩豚の炒めもの

れんこんは煮るよりもやっぱり焼くのが好きで、シャキッとした歯ごたえがたまらない。調味料は塩だけにするとでんぷんの甘さをいちばん感じられる。塩豚との相性は抜群です。

## 1月19日 昼
### パセリカレーにダルカレー

前日に平松洋子さんレシピのパセリカレーを作ったので、ダル（豆）カレーを作って盛り合わせ、茹で卵をのせた。見た目はシンプルだけど野菜のパワーを感じるひと皿。

## 1月20日 昼
### ツナと白いんげん、赤玉ねぎのサラダ

おいしいツナの瓶詰めを見つけたのでサラダに。白いんげん豆はイタリア製の紙パック。赤玉ねぎをスライスしたら、全部合わせてビネガー、オイル、塩、胡椒。とてもかんたん。

## 1月20日 夜
### 四川風塩豚煮こみ

塩豚バラ（P.100）は花山椒などのスパイスを利かせて豆板醤で煮こんでもとてもおいしい。このときはオイスターソースや鶏ガラスープで旨味たっぷりに仕上げました。

## 1月22日 夜
### セロリの葉、玉ねぎ、にんじんのかき揚げ

かき揚げは、玉ねぎと香りのある野菜を組み合わせるとおいしくできます。今日は、余ったセロリの葉を使って。もちろん頼りは「コツのいらない天ぷら粉」でございます。

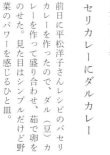

1月30日　夜

大根と手羽先の黒酢煮

またしても黒酢煮。またしても大根の煮もの。大根は鶏とも豚とも相性がよく、煮ものにするとしみじみおいしい。この日の味噌汁の具は、小松菜、椎茸、油揚げ。

2月1日　昼

裸のニョッキ、トマトソース

トスカーナで食べた、忘れられない味。本来ラヴィオリに詰める中身だけを食べるので「裸の」という名前がつくところがおもしろい。ソースはセージバターが鉄板。

2月2日　夜

恵方巻き

節分なのでお気に入りの寿司屋で恵方巻きを。むしろここの巻き寿司のためにこの行事に参加しているのかも。吉とされる方角を向いて食べ始めるが、途中でよく味わってしまう。

2月3日　夜

豚肉と白菜漬けの煮もの

友人から自分で漬けたという白菜漬けをもらった。いいかんじに乳酸発酵していたのでにんにく、鷹の爪、豚肉と一緒に炒めて水を加えて煮こみ料理に。いい旨味がでました！

2月4日　昼

鰯のマリネと大根の塩じゃばら和え

手開きにした鰯を、塩とひたひたのワインビネガーに漬けたマリネ。大根は皮をむいて短冊に切ったら、みじん切りにした塩じゃばらと和えて胡椒をひくだけ。

2月4日　夜

ターサイと豚肉の塩炒め
なめこ、豆腐、あさりの味噌汁

豚肉の塩炒めは飽きのこない定番のおかず。そしていりこ出汁で作るあさりの味噌汁には大葉がよく合うことも発見。なめこ、豆腐も入れて具だくさんにするのが気に入っている。

## 2月10日 夜
### 豚と焼き野菜のアッチュガータ

にんにくとオリーブ油で豚肉をソテー、茹でた菜の花を同じフライパンで焼きつける。空いたフライパンにバター、刻んだアンチョビを溶かしてソース（アッチュガータ）に。

## 2月11日 夜
### 鰯の煮もの

おいしそうな鰯が手に入ったので醤油と黒酢で煮つけにする。新鮮な青魚が近所のスーパーでいつでも安く手に入るのは福岡ならでは。魚を食べる機会が格段に増えたと思う。

## 2月12日 昼
### 茹で白菜

「せせチャンネル」でも紹介したけれど、茹で白菜はもはやスープ。お吸いものくらいに塩加減したお湯でくたくたになるまで茹でるだけ。キャベツやほうれんそうで作ってもおいしい。

## 2月19日 夜
### 子持ちカレイの煮もの

立派な子持ちカレイがあったのでいそいそと買いこむ。子供の頃からの大好物です。煮汁に生姜を利かせ、ほんの少し黒酢を入れると後味がさっぱりとしますよ。

## 2月22日 夜
### イカとニラの韓国風和えもの

生のイカとニラを魚醤（カナリエキス）、梅シロップ、にんにく、ごま、韓国唐辛子で和える。椎茸は丸のままバターソテーに。味噌汁は、がんもどきと紅菜苔。

## 2月25日 夜
### 豚肉の豆豉蒸し

以前、お店で食べたのがおいしかったので真似てみる。椎茸のみじん切り、にんにく、豆豉、塩、酒、醤油、砂糖、片栗粉、米油を豚ロース薄切りにまぶして蒸すだけ。うまし。

ある日の献立より

11月15日 昼
ひき肉はできたら自分で作るとよりおいしい。フードプロセッサーにかけるか包丁で叩く。韓国唐辛子は大切な旨味のひとつなので欠かせません。右上は鯵刺しごま味噌和え。

## 韓国唐辛子のすばらしさについて

数年前に韓国に行き、現地や日本に住む韓国人の友人ができてグッと身近になったのが韓国料理です。食べたことはあったけれど、一体どうやって作られているのかわからなかった料理の秘密がひとつ、またひとつと理解できるようになりました。そのなかでも魅了されたのは、やはり唐辛子です。辛味を抑えて、甘味すら感じる種類や、しっかりと辛いもの、さらさらの粉状になっているものから粗びきのものなど様々です。

私のお気に入りは、辛味の少ない粗びきで、香り高いもの。韓国料理にはもちろんですが、トマトソースのパスタの仕上げにふりかけてアクセントにしたり、今では台所に欠かせない調味料のひとつになりました。

# かぼちゃと豚ひき肉の煮もの

材料（2人分）
かぼちゃ…正味200g
豚ひき肉…80g
酒…大さじ1
水…大さじ1
醤油…小さじ1
きび砂糖…小さじ½
韓国唐辛子…少々
塩…適量

作り方
1 かぼちゃを食べやすく切る。
2 鍋に菜種油（分量外）を温め、ひき肉を入れ、塩をふって炒める。
3 脂が透明になったらかぼちゃを入れ、酒と水を入れる。蓋をしてかぼちゃがやわらかくなるまで蒸し煮にする。
4 塩、醤油、きび砂糖で味を調え、韓国唐辛子をふる。
5 器にかぼちゃをよそい、上にひき肉をのせる。

# トマトキムチ

材料（作りやすい量）
トマト…3個
玉ねぎ…¼個
長ねぎ…少々

A
韓国唐辛子（粉末）…小さじ1
カナリエキス（ナンプラーでも可）…小さじ½
梅シロップ…小さじ½
にんにく（みじん切り）…少々
生姜の搾り汁…小さじ½

作り方
1 トマトはくし切りにする。玉ねぎは薄切り、長ねぎは斜め薄切りにする。
2 Aと玉ねぎ、長ねぎを合わせてよく混ぜ合わせ、トマトと和える。

1月3日 夜

おせちもいいけどカレーもね、とおせちを作ってもいないのにカレー気分。10分カレーは、にんにくと生姜の風味が効いてさらっと食べられる「せせチャンネル」でも人気のレシピ。

## 10分カレー ㋝

材料（2人分）

豚ロース肉（薄切り）…140g

玉ねぎ…½個

にんにく（すりおろし）…小さじ½

生姜（すりおろし）…小さじ1

鶏ガラスープ…300cc

カレー粉…小さじ1

片栗粉…大さじ1（同量の水で溶く）

酒…小さじ1

きび砂糖…小さじ1

カイエンペッパー（お好みで）…少々

塩、胡椒…適量

米油（もしくはサラダ油）…適量

作り方

1豚肉は食べやすく切り、にんにく、酒、塩、胡椒をもみこんでおく。

2鍋に油を温め、豚肉を入れる。表面の色が変わったら、くし切りにした玉ねぎを加え、透明感がでてきたら、カレー粉を加えて全体になじませ、軽く炒める。

3鶏ガラスープを注ぎ、生姜を加えて沸騰させる。

4きび砂糖を加えて味を見て、塩で味を調える。好みでカイエンペッパーで辛さをプラスする。水溶き片栗粉を加え、とろみをつける。

## リコッタチーズのパスタ

材料（1人分）
リコッタチーズ…60g
アンチョビ…1枚
レモンの皮…少々
にんにく…1片
イタリアンパセリ…少々
塩…適量
オリーブ油…適量
パスタ…お好みの量

作り方
1にんにくは芽を取って潰す。アンチョビ、イタリアンパセリはみじん切りにしておく。
2フライパンにオリーブ油とにんにくを入れ、弱火にかける。香りが立ったらアンチョビを加えて、煮溶かしておく。
3別鍋にお湯を沸かし、お吸いものくらいの塩加減に味をつける。パスタを入れて、アルデンテに茹でる。
4 2のフライパンにパスタを入れ、茹で汁を大さじ1加え、リコッタチーズを入れて絡める。
5器に盛り、レモンの皮をすりおろす。イタリアンパセリを散らす。

12月4日 昼
リコッタチーズとレモンのさわやかさを堪能できるパスタ。レモンは皮を使うので国産の無農薬のものを選ぶこと。リコッタチーズは濃厚なのに低脂肪なのもうれしい。

2月26日 夜

友人と一緒に晩ご飯。コロッケ、あさりと菜の花のショートパスタ。トリュフォラーテは、ローマで友だちの家に遊びに行ったときにマンマが作ってくれた家庭料理。

## 椎茸のトリュフォラーテ ㋝

材料(1～2人分)
椎茸…6個
にんにく…1片
イタリアンパセリ…4本
オリーブ油…大さじ1
塩、胡椒…適量

作り方
1 椎茸は石づきを取り、大きければ半分か¼に切る。小さければそのままで。にんにくとイタリアンパセリはみじん切りにする。
2 鍋にオリーブ油とにんにくを入れて弱火にかけ、香りが立ってきたら椎茸を入れ、塩をふる。蓋をして時折かき混ぜながら、弱火で蒸らし炒めにする。
3 椎茸に火が通ったら、塩で味を調え、イタリアンパセリを加えて混ぜ、胡椒をひく。

# 春キャベツとグリーンピースのバター茹で

材料（作りやすい量）
春キャベツ…½個
グリーンピース…50g
無塩バター…20g
塩…適量

作り方
1 春キャベツはざく切りにし、グリーンピースは鞘から取り出しておく。
2 鍋にお湯を沸かし、お吸いものくらいの塩味をつける。
3 バターをお湯に入れて溶かし、1を入れる。好みのやわらかさになったらお湯から引き上げる。

2月14日 夜
これも友人が遊びに来たときのご飯。コロッケのつけ合わせとしてバター茹でを作る。やわらかな春キャベツとグリーンピースにバターの風味がまったり絡んで幸せの味。

# 茶碗蒸しは出汁を食べる料理です

茶碗蒸しを家で作るのは難しい。そんなイメージがありませんか？　その理由は上手に蒸し上げるのが難しそうということ、中身に入れる具材の準備をしなければならないのが面倒ということ。いえいえ、具なんて入れなくてもいいのです。茶碗蒸しは出汁を味わう料理。おいしい出汁を、ぎりぎりの卵で寄せて、蒸し固める。これぞシンプルの極み、という料理なんです。

私は鰹出汁で作るのが好みですが、みなさんなじみの出汁で作ってみてください。卵は生姜の香りと相性がいいので、最後に生姜の搾り汁を流し入れると、上品な味わいになりますよ。きちんと卵の5倍量の出汁で作れば、まず間違いなく〝ちゅわん〟蒸しになるはずです。

1月17日 夜

茶碗蒸しのほか、大根とじゃこの炒めもの、梅干し。胃腸を休める献立です。このふるふるした茶碗蒸しは、人呼んで〝ちゅわん蒸し〟。「せせチャンネル」でも人気です。

## 茶碗蒸し ㋝

材料（2人分）

- 卵…1個
- 出汁…卵の5倍量
- 生姜…適量
- 塩…適量
- 薄口醤油…適量

作り方

1 卵をボウルに割り入れ、卵の重さを量ったら、その5倍の重さの出汁を準備する。

2 卵を溶きほぐし、冷ました出汁と合わせる。

3 ザルで濾し、薄口醤油をほんのり香る程度に入れ、塩で味を調える。

4 器に注ぎ入れ、蒸気の上がった蒸し器で蒸す。蒸し上がりは器の大きさで変わってくるので、竹串を刺してみて確認する。透明な澄んだ出汁がでてくれれば、だいじょうぶ。

5 すりおろした生姜の搾り汁を上に流して供する。

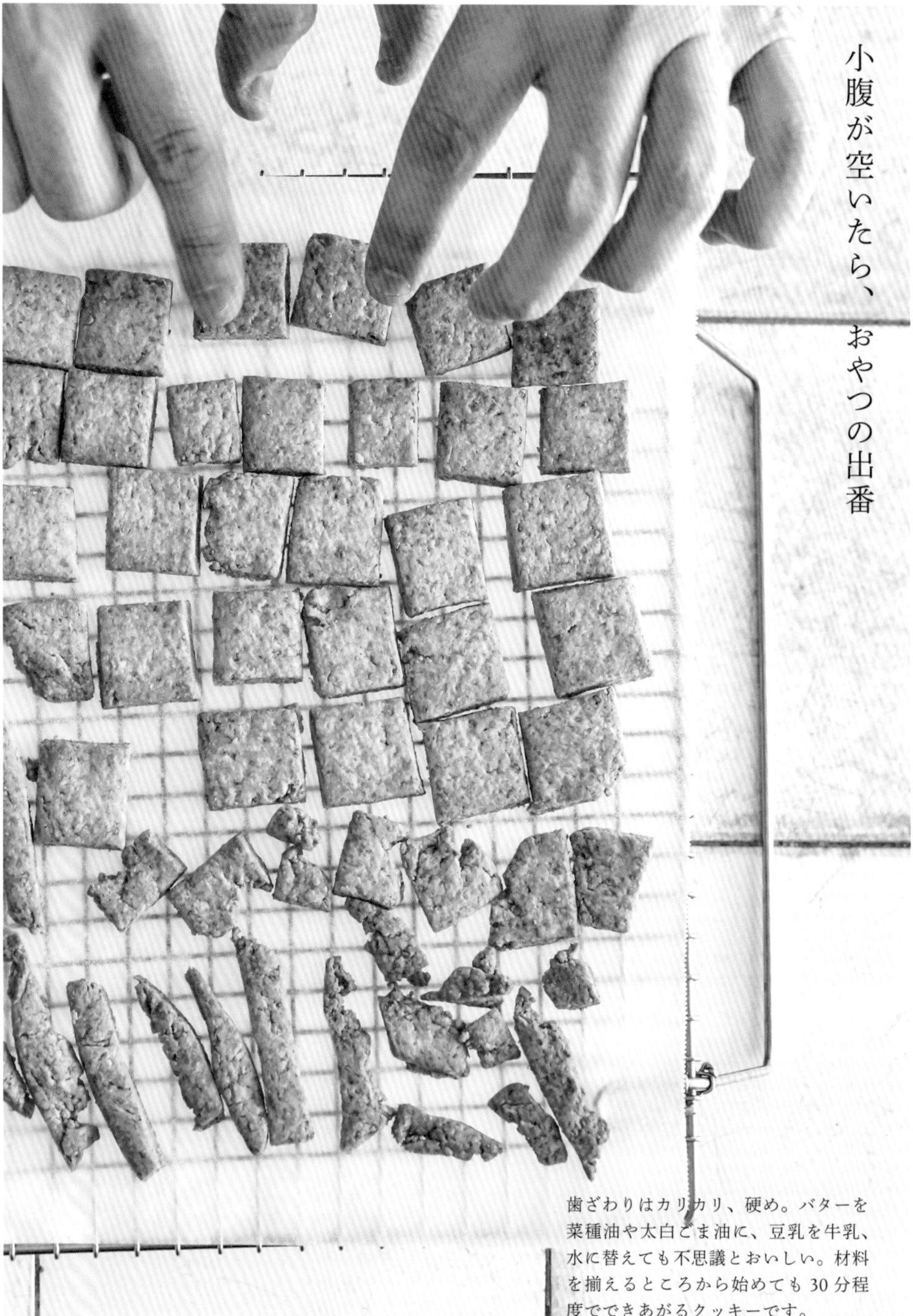

# 小腹が空いたら、おやつの出番

歯ざわりはカリカリ、硬め。バターを菜種油や太白ごま油に、豆乳を牛乳、水に替えても不思議とおいしい。材料を揃えるところから始めても30分程度でできあがるクッキーです。

# なんかやたらうまいクッキー ㋝

材料（作りやすい量）

薄力粉…80g
全粒粉…40g
砂糖…35g
塩…3つまみ
無塩バター…30g
豆乳（無調整）…30cc

1 ボウルに粉類と砂糖、塩を入れる。

2 スプーンなどで粉同士をよく混ぜ合わせる。

3 バターを溶かして（湯煎でもレンジでも）ボウルに加え、手指で全体をかき混ぜていく。

4 手のひらですり合わせるようにして粉とバターをなじませる。

5 ぎゅっとにぎってふんわり固まるようになったら、だいじょうぶ。

6 豆乳を加える。

7 両手でしっかり混ぜる。

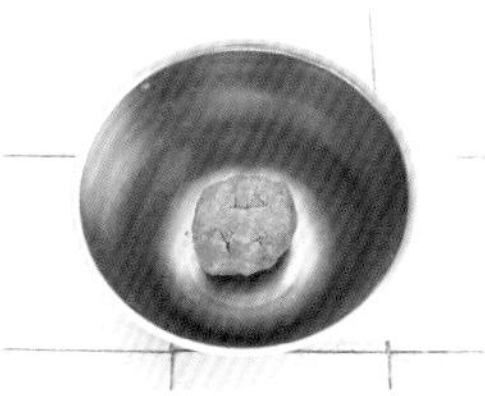

8 生地を丸くまとめる。

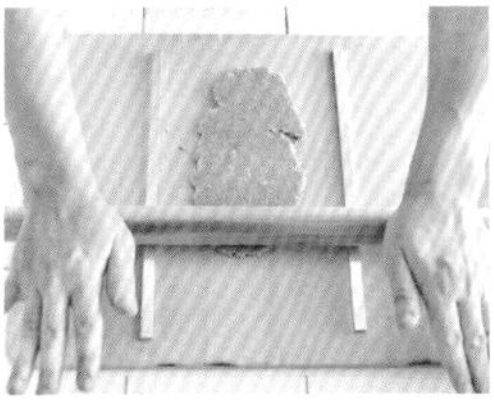

9 めん棒で5mm厚さに伸ばす。

10 好きな形に切り分ける。

11 天板にオーブンシートを敷き、重ならないように並べる。

12 170度に予熱したオーブンで、20分焼く。焼けたら網などに取って冷ます。

実はパンの耳が苦手です。でも捨てるのは言語道断！ ならばと生み出したのが、このおやつ。コツは先に牛乳をパンに染みこませてから卵をくぐらせること。ふっくら、驚きのできあがりですよ。

# パンの耳フレンチトースト

材料（作りやすい量）

パンの耳（1斤の端）…2枚
牛乳…140cc
きび砂糖…14g
卵…1個
無塩バター…10g

仕上げ用
きび砂糖…適量
シナモンパウダー…適量

1 牛乳ときび砂糖をしっかり混ぜ合わせる。

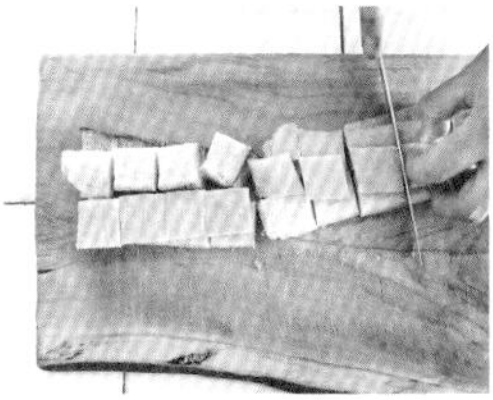

2 パンの耳はひと口大に切り分ける。

3 パンの耳をバットに入れ、1の牛乳を注ぐ。

4 ひと晩おくとパンがむっちり。少なくとも2時間程度はおく。

5 卵をよく溶いて4を入れ、絡める。

6 しっかり絡めたら5分ほどおく。

7 フライパンにバターを入れて火にかけ、バターが溶けたら6を固まりのままのせる。

8 こんなふうに重なったまま焼く。

9 中弱火で焼き、香ばしい焼き色がついたら裏返す。

10 蓋をして弱火にし、中まで火が入るように焼く。

11 裏面にも香ばしい焼き色がついたら皿に取り出す。

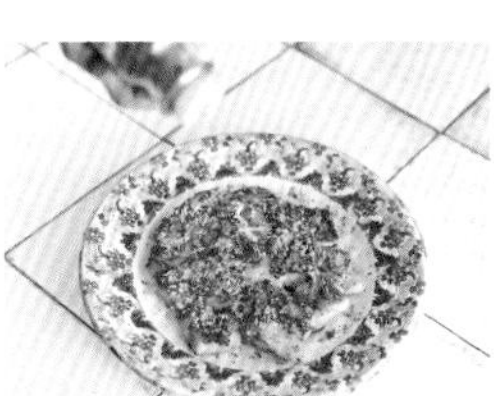

12 きび砂糖をふり、シナモンパウダーをふりかける。

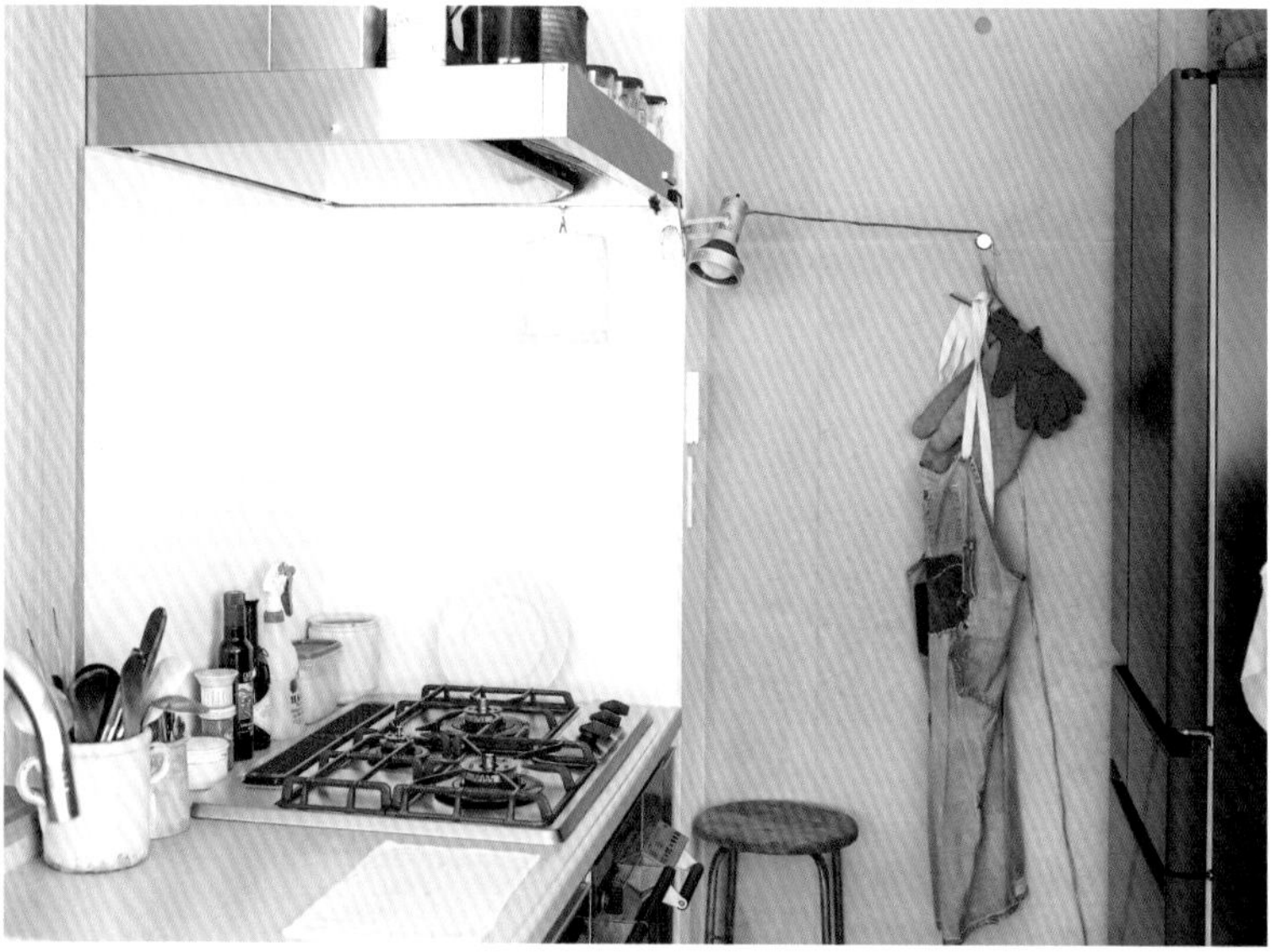

コンロ奥は洋食に使う調味料が並ぶ。霧吹きも必需品で冷凍したパンを焼くときに水を吹きつけたり、ハーブに水分を与えたり。奥のプレートは朝食用でここが定位置。ぶら下がっている鍋つかみは「エプロン商会」のもの。

愛用のリネン類は引き出しに。手前は「CHECK&STRIPE」と一緒に作ったオリジナルのリネンクロス。奥が台拭きに使う白雪ふきん。左奥のチェックは出張時に持参する包丁を包むのに使う。

換気扇フードには加熱用のオリーブ油にきび砂糖、グラニュー糖など。ここも調味料おき場なのです。

よく使う「グローバル」の牛刀は棚の上に。意外な場所と言われるけど自分にとってはここがベストです。

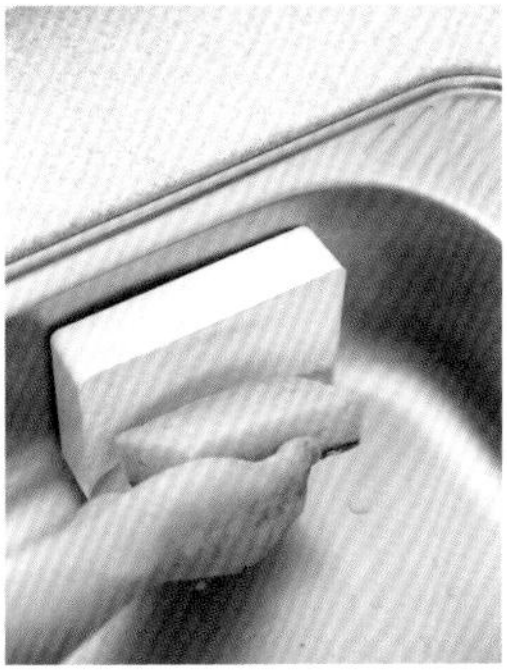

食器洗い洗剤は「ミスターQ」。シンクに取りつけ、スポンジでスイッ。片手ですむのでとても便利。

リビングのシェルフにはスパイスや粉類、自家製梅干しが並ぶ。壁にはステファニー・クエールの絵を。

オーブン下のスペースにステンレスのかごに入った保存容器類。種類と大きさをある程度統一している。

冷蔵庫は鍋が入るくらいの空間は常に空けて。皮をむいたにんにくは保存ケースに。夏はぬか床も冷蔵庫へ。

台所は使い勝手が大切です。私の場合は動線を考えて、よく使う調味料や包丁はすぐ手が伸ばせて取りやすい場所に。コンロ前で体をターンさせれば必要なものは取り出せるように配置しています。

きれいに保つコツは汚さないこと。そう言うとみんな不思議な顔をしますが、意識するだけで違ってくるもの。洗いもので水はねするなら、水流を手首に沿わせてやれば飛び散りません。調理も動作をていねいにすれば、そうそう汚れはしないものです。また、水滴はこまめに拭き取ること。私は蚊帳生地のふきん4枚をローテーションで使って、1月と6月に新調。古布巾は雑巾にして最後まで使い切ります。

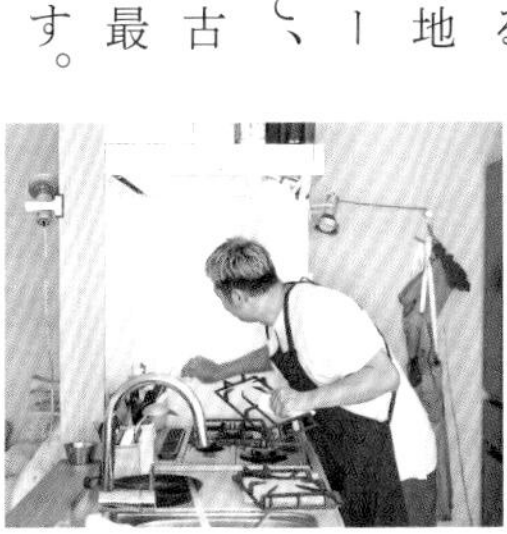

料理の途中でもせっせとコンロを磨き上げる。

# おわりに

自分のためにご飯を作る。面倒くさいでしょうか、気楽でしょうか、あるいは、好きなものを好きなだけ食べられるなんて幸せ！と思うでしょうか。私のモットーは〝好きなものを、好きなときに、好きなだけ食べる〟なので、いちばん最後が当てはまりそうです。自分が今、食べたいものはなにか？　空腹の自分と向き合って考えます。

完成した料理はおいしくできましたか？　自分の好きな味に作れたら、それが正解。ひとりの食卓で、目の前にある料理をジャッジするのは自分です。レシピ通り作れば、そうそうおかしなものはできないはず。食べてみて、自分好みの味とずれていたら、どういう味にしたいか、明確なビジョンを持って、次に作るときに調整してください。

なにかひとつでも、心からおいしいと感じるものができたら、ぜひ家族や友だちにその料理をふる舞ってみてください。おいしいと言ってもらえると自信がつきます。もっと料理が楽しくなります。自分ひとりのために作っていたご飯が、みんなのためのご飯になります。おいしいものは人を繋ぐ、というのはこの仕事を続けてきて、あながち間違ってはいないと言えると思います。

私は今日も慎重に、集中して料理をします。集中すると、レシピに書かれていない様々なことが、五感を通して自分の中に入ってきます。日々、それが蓄積されることで、料理力が身につきます。集中するにはひとりがいい。毎日、本当においしいものを食べるために。

この本は、2020年9月から2021年8月までの毎日の食卓を記録し、構成したものです。

最後にひとつ、生姜の保存方法を。生姜を適当な大きさに切り、水を入れた瓶の中に入れて冷蔵庫で保存。水は、2、3日に一度替えること。こうすると劣化せず長もちします。

愛犬ジーノと。

渡辺康啓　わたなべ・やすひろ

1980年、鳥取県生まれ。
2007年に料理家として独立。
イタリア料理をメインとした料理教室や
企業へのレシピ提供などで活躍。
2020年から始めた
YouTube「せせチャンネル」は
少ない材料とシンプルなレシピで
意外なほどおいしい料理ができると話題に。
ちなみに〝せせ＝先生〟。6年暮らした福岡を離れ、
2021年の秋、再び東京へ。
愛犬ジーノとの新しい暮らしが始まったばかり。
著書に『果物料理』（平凡社）、
『春夏秋冬　毎日のごちそう』（マガジンハウス）など。
http://www.igrekdoublev.com/


アノニマ・スタジオは、
風や光のささやきに耳をすまし、
暮らしの中の小さな発見を大切にひろい集め、
日々ささやかなよろこびを見つける人と一緒に
本を作ってゆくスタジオです。
遠くに住む友人から届いた手紙のように、
何度も手にとって読みかえしたくなる本、
その本があるだけで、
自分の部屋があたたかく輝いて思えるような本を。


写　真……長野陽一
（p.3,8-13,15,25-29,39-45,47,57-59,68-73,75,
87-91,99-103,105,117-121,133-139,141-143）
デザイン……岩渕恵子（イワブチデザイン）
編　集……太田祐子（タブレ）
村上妃佐子（アノニマ・スタジオ）

毎日食べる。家で、ひとりで。
2021年11月19日　初版第1刷発行
2022年5月30日　初版第3刷発行

著　者……渡辺康啓
発行人……前田哲次
編集人……谷口博文
アノニマ・スタジオ
〒111-0051　東京都台東区蔵前2-14-14 2F
TEL 03-6699-1064　FAX 03-6699-1070
発　行……KTC中央出版
〒111-0051　東京都台東区蔵前2-14-14 2F
印刷・製本…図書印刷株式会社



ISBN978-4-87758-823-6 C2077